Der Verlust eines Hundes

Elli H. Radinger

Der Verlust eines Hundes

und wie wir ihn überwinden.
Um Tiere trauern.

edition tieger

Für Gerhard
und
für Shira, Lady, Klops und Axel

Die Deutsche Nationalbibliothek verzeichnet diese Publikation in der Deutschen Nationalbibliografie; detaillierte bibliografische Daten sind im Internet über http://dnb.d-nb.de abrufbar.
Umschlagbild: istock.com
Bildnachweis: Fotografien von Corina Orth (S. 19, 122), Elli H. Radinger (S. 79, 87, 103, 110, 115), Gunther Kopp (S. 114, 118), Erika Munk (S. 123), Privat (S. 127), alle anderen: istock.com
Design: Sigrid Bönold

Zweite Auflage

ISBN 978-3-86671-077-1

Umwelthinweis:
Dieses Buch wurde auf chlor- und säurefreiem Papier gedruckt.

Druck und Bindung: Westermann Druck Zwickau
Printed in Germany

Inhalt

Einleitung

Ostersonntag!

Ich sitze am Computer. Es ist ein strahlend schöner Ostermorgen mit blauem Himmel und einzelnen Schäfchenwölkchen. Weit hinten am Horizont ziehen dunkle Wolken auf. Neben mir höre ich ein leichtes Schnarchen und Schnaufen. Es ist Lady. Gleich, wenn sie wach wird, wird sie aufspringen und ihren Spaziergang einfordern. Wir werden zu einem kleinen See ganz in der Nähe fahren. Dort werde ich Stöckchen für sie ins Wasser werfen, und sie wird mit einem großen Sprung hineinspringen, die Stöcke apportieren und damit ihren Labrador-Vorfahren alle Ehre machen. Nach einem langen Spaziergang werde ich sie mit dem Handtuch trocken reiben und meine Nase in ihr nasses Fell stecken. Ich liebe den Geruch von nassen Hunden. Kein Parfüm der Welt kann schöner riechen. Dann werden wir nach Hause fahren, uns gemütlich irgendwohin kuscheln und uns einen schönen Tag machen.

Ich wünschte, so könnte unser Ostersonntag sein. So war er es 15 Jahre lang. Aber die Realität ist eine andere: Lady schläft ruhig – zur Zeit zumindest. Sie hat eine Beruhigungstablette bekommen und außerdem eine Tablette gegen Übelkeit. Zusätzlich hat sie die übliche Dosis Herz- und Entwässerungstabletten erhalten, außerdem noch die Höchstdosis Metacam, die ihr hilft, die Entzündungen und Schmerzen der Arthrose zu bekämpfen. Ich bin dankbar für die kurze Zeit der Ruhe – für sie und für mich. Ich weiß nicht, wie lange sie währt. Bald wird sie wieder aufwachen und rastlos durch das Haus laufen, mit zitternden Beinen, weil ihre Muskeln schon schwach geworden sind, mit angelegten Ohren und eingeklemmter Rute, weil sie alles anstrengt. Sie wird mich hechelnd mit ihren großen braunen Augen anschauen. Dann nehme ich sie in den Arm und versuche, sie zu beruhigen. Meist windet sie sich gleich wieder heraus und läuft weiter auf und ab, will zur Tür hinaus in den Garten, aber auch dort läuft sie stundenlang um das Haus, getrieben von Unruhe und Schmerzen. Ich werde ihr dann die nächste Dosis Tabletten geben und darauf hoffen, dass sie wieder ruhiger wird.

In diesen Phasen der Unruhe blutet mein Herz, weil ich ihr helfen möchte und es nicht kann. Meine Tierärztin sagte bei unserem letzten Besuch: »Hoffentlich wird dieses Ostern nicht so schlimm wie letztes Jahr.« Sie hatte damals ausgerechnet während der Feiertag ständig Tiere einschläfern müssen. Ich will ihr das ersparen und bin doch gleichzeitig wütend auf mich, weil ich darauf Rücksicht nehme. Kann ich denn den Tod eines Tieres vorausplanen? »Dienstags zwischen 12 und 14 Uhr passt es mir.«

Ja, der Tod steht vor unserer Tür. Und ich bin bereit – zumindest so bereit, wie man sein kann, wenn man das Liebste, was man hat, gehen lassen muss. Ich hatte Zeit mich vorzubereiten. Lange hab ich es nicht wahrhaben wollen, obwohl das Alter meiner Hündin deutlich gesprochen hat. Ein großer Rassehund ist mit 15 Jahren alt. Aber es gibt immer wieder einmal Ausnahmen, manche Hunde werden 16, 17 oder sogar 18 Jahre alt, so wie der Hund meines Nachbarn, der nur im Keller oder im Garten angeleint gelebt hat. Das Leben ist nicht fair.

Mein Gefühl hat schon viel länger als mein Verstand gewusst, dass ich mich vorbereiten muss. Ohne ersichtlichen Grund beschäftige ich mich schon seit Ende letzten Jahres mit dem Tod. Ich lese die wunderschönen Bücher von Elisabeth Kübler-Ross über das Sterben und habe seit Januar die Telefonnummer unseres örtlichen Hospizes in der Tasche, wo ich mich seit längerem als freiwillige Helferin melden will. Bei meiner Reise nach Yellowstone in diesem Winter, wo ich seit vielen Jahren die Wölfe beobachte und darüber Bücher schreibe, ist mir der Tod vielfach begegnet, öfter als je zuvor. Ich hatte Jäger als Nachbarn meiner Blockhütte und fand tote Tiere ganz in der Nähe. Ich sah Tiere im Park sterben, nicht auf natürliche, schnelle Weise, indem sie von Raubtieren gerissen wurden, sondern alleine und qualvoll. Eine Bisonmutter war mit ihrem Kälbchen in das Eis eines Sees eingebrochen. Sie konnten nicht mehr aus eigener Kraft heraus. Tagelang beobachtete ich das einsame und qualvolle Sterben. Zuerst ertrank die Mutter. Dies hielt das Kälbchen länger am Leben, weil es auf der toten Mutter stand und so nicht ertrinken konnte. Aber es konnte auch nicht aus dem Wasserloch heraus. Ich redete mit den Rangern und bat sie eindringlich, das Tier von seinem langsamen Sterben zu erlösen – und erntete nur Unverständnis und die Bemerkung, dass dies eben »die Natur« sei. Damals ahnte ich noch nicht, dass es bald meine Pflicht werden würde, ein Tier zu »erlösen« …

Ich kam nach Hause und erhielt die Nachricht, dass mein erster Mann, der mir immer noch sehr nahe stand, plötzlich gestorben war. Und schließlich mailte mir meine Freundin aus den USA, dass ihre Krebserkrankung wieder ausgebrochen war, die Metastasen bereits gestreut hatten. Ich war buchstäblich umgeben vom Tod.

Ich habe schon seit vielen Jahren eine andere Einstellung zum Tod als die meisten Menschen. Intellektuell und spirituell hab ich ihn analysiert, verstanden, verarbeitet. Ich habe ihn sogar willkommen geheißen, als mein erster Hund starb und als ich beim Sterben meines Großvaters dabei sein durfte. Es waren ganz besondere, transformierende und wunderschöne, wenngleich auch traurige Momente. Ich habe mich auch auf Ladys Tod vorbereitet. Im Spätherbst letzten Jahres hatte ich ihr aus einer Ahnung heraus schon ein tiefes Grab im Garten ausgehoben, dicht am Teich, damit sie ihr geliebtes Wasser in der Nähe hat. Ich wollte vorbereitet sein, wenn sie im tiefsten Winter und bei starkem Frost von mir ging, oder wenn sie sterben würde, während ich wieder einmal in Amerika war und sie bei meinen Eltern lebte. Als ich ihr Grab aushob, lag sie dabei und schaute zu. Ich glaube, der Platz hat ihr gefallen.

Als es ihr in den letzten Wochen deutlich schlechter ging, habe ich mich auch intellektuell mit dem Tod eines Hundes beschäftigt, unzählige Bücher gelesen und mit Freunden gesprochen, die ebenfalls Hunde verloren haben. Ich war mit ihr bei meiner Tierärztin, und wir haben besprochen, wie wir vorgehen werden, wenn sie eingeschläfert werden muss. Der Bluttest ergab, dass ihre Nieren anfingen zu versagen. Die Werte waren dreifach erhöht, sie hatte alle Anzeichen einer Niereninsuffizienz. Sie trank Unmengen von Wasser, und ihr Urin war sehr hell; das bedeutete, dass ihr Körper keine Giftstoffe mehr ausschied. Ihren Darm hatte sie schon seit Monaten nicht mehr unter Kontrolle, etwas, womit ich gut leben konnte. In letzter Zeit kamen Gleichgewichtsprobleme dazu, was, wie ich gelesen habe, ebenfalls ein Anzeichen für Nierenversagen sein kann. Jetzt ist noch die Übelkeit hinzugekommen.

Mein Verstand weiß, dass es Zeit ist, sie gehen zu lassen. Aber die Realität ist eine andere. Jetzt ist alle Vorbereitung vergessen, und dort, wo mein Herz ist, herrscht nur noch purer, roher Schmerz. Ich klammere mich noch an den letzten Funken Hoffnung. Immer, wenn sie so wie jetzt schläft und ruhig atmet, hoffe ich, dass die Unruhe nur ein momentaner Zustand war und sie sich wieder erholt. Und ich hoffe, dass sie in tiefem Schlaf hinübergleitet in die andere Welt hinter dem Regenbogen. Aber so ist es nicht. So wie ich vor fast 15 Jahren die Verantwortung für sie übernommen habe, als ich sie aus einem amerikanischen Tierheim holte, so fordert das Schicksal jetzt die letzte Verantwortung von mir: sie loszulassen und ihr auf den Weg nach Hause zu helfen. Ich hadere mit Gott, bitte um mehr Zeit: »Nur noch bis zum Sommer«, »noch ein paar Tage« und schließlich »nur noch eine Nacht«. Vielleicht kann ich ein wenig Zeit gewinnen. In ihrer Liebe würde Lady sicher bereit sein, mir noch ein paar Tage zu schenken, auch wenn sie sich dabei quälen müsste. Aber das darf ich ihr nicht antun. Als ich sie aus dem Tierheim nach Hause holte, habe ich ihr versprochen, immer für sie da zu sein. Jetzt ist der Tag gekommen, mein Versprechen einzulösen.

Ostermontag

Lady ist an einem Punkt, an dem die schlechten Tage die guten Tage überwiegen. Ich darf nicht mehr an mich, sondern muss an sie denken. Tagsüber schläft Lady erschöpft, nachts wandert sie umher, weil sie keine Ruhe findet. Ihre Herzprobleme scheinen auch zu Angstzuständen zu führen, immer wieder sucht sie meine Nähe. Ich nehme sie in den Arm und tröste sie. Ich gebe ihr all die Tabletten, die bisher geholfen haben, aber sie nützen nichts mehr. Ich bin körperlich völlig erschöpft. Ich schlafe auf der Couch neben meiner Hündin, manchmal auch auf dem Boden mit ihr, und streichele sie. Wenn sie für kurze Zeit eingeschlafen ist, schleiche ich mich in mein Bett. Wenig später steht sie davor, hechelt und schaut mich hilfesuchend an. Ihr Schwanz ist eingeklemmt, die Mundwinkel zurückgezogen. Ich weiß, dass sie Schmerzen hat und dass ihr schlecht ist. Am Nachmittag hat sie noch mit mir gespielt, war kurze Zeit herumgesprungen und auch kurz Gassi gegangen. Im Haus strauchelt sie jetzt öfter, kann ihre Beine nicht koordinieren. Seit kurzem scheinen manchmal krampfartige Wellen ihren Körper zu überfliegen. Dann schläft sie wieder und ich hoffe, dass vielleicht doch noch alles gut wird.

In dieser Nacht wird es schlimm. Sie atmet schwer und schaut mich hilfesuchend an. Ich kann es nicht mehr ertragen und greife zum Telefonhörer. Ich rufe meine Tierärztin an. Der Anrufbeantworter gibt mir die Nummer des tierärztlichen Notdienstes. Es ist Ostern. Ich möchte nicht, dass ein Fremder Lady einschläfert. Ich habe mit meiner Tierärztin so wunderbar zusammengearbeitet, und sie hat mir versprochen da zu sein und zu helfen, wenn es soweit ist. Also flehe ich Lady an, es noch diese Nacht auszuhalten. Ich bitte sie um Vergebung, dass ich zulasse, dass sie noch weiter Schmerzen hat und verspreche ihr, dass sie eine solche Nacht nie wieder durchmachen muss. Langsam wird sie ruhiger und schläft ein. Auch ich schlafe vor Erschöpfung für ein paar Stunden.

Dienstag – der Abschied

Am Morgen schläft Lady tief und fest. Wieder frage ich mich, ob ich nicht doch noch warten kann. Ich würde in drei Wochen beruflich für 14 Tage ins Ausland müssen. Aber danach hätten wir vielleicht dann »besser« Zeit, Abschied zu nehmen. Wenn sie noch so lange durchhält …

Ich denke daran, dass Lady dann bei meinen Eltern wäre, wo sie sehr gerne ist. Was aber, wenn es ihr dort gesundheitlich noch schlechter ginge? Meine Eltern wären damit überfordert, sie einschläfern zu lassen. Außerdem wollte ich bei ihr sein, wenn sie ihren letzten Weg geht. Lady nimmt mir die Zweifel, sie bekommt wieder Atemprobleme, trägt die Rute eingeklemmt und schaut mich hilfesuchend an. Ich greife erneut zum Telefon. Diesmal ist die Tierärztin dran. »Es ist soweit«, sage ich. Sie hat noch ein paar Patienten und will dann gleich kommen. Uns bleiben noch zwei Stunden.

Ich setze mich zu meinem Hund und gebe ihr all die Leckerlis, die sie immer mochte. Sie muss denken, dass sie jetzt schon im Paradies ist. Ich küsse ihre Schnauze, ihren Kopf, ihre Pfoten und erzähle ihr, dass sie gleich auf eine große Reise geht in ein Land, in dem es wunderschön ist, wo immer Wasser zum Schwimmen ist, immer genug zu Fressen und viele ihrer alten Freunde bereits auf sie warten. Ich erzähle ihr, dass sie ihre Mutter und ihre Geschwister wiedersehen wird. Ich schwöre ihr, dass sie keine Angst haben muss und ich verspreche ihr, dass auch ich eines Tages dorthin komme, zu ihr, und dass uns dann nichts mehr trennen kann. Ich versichere ihr, wie sehr ich sie liebe und ich bitte sie um Verzeihung, dass ich sie habe so leiden lassen und dass ich ihr das jetzt antun muss. Wir schauen uns in die Augen und halten stumme Zwiesprache. Jetzt, da die Entscheidung gefallen ist, bin ich ruhig. Ich halte sie im Arm

bis es klingelt und die Tierärztin kommt. Die sonst fast taube Lady hört die Klingel und schießt bellend zur Tür – ganz der junge Hund, der sie einst war. Die Tierärztin ist verblüfft und fragt verunsichert nach. »Bist du sicher?« Ich schildere ihr die letzten Nächte, und sie weiß, dass ich diese Entscheidung nicht treffen würde, wenn es nicht zum Besten für meinen Hund wäre.

Ich habe Ladys Decke vor das Fenster gelegt, die Sonne scheint warm darauf. Lady legt sich hin und ich gebe ihr noch ein Leckerli. Die Tierärztin zieht die Narkosespritze auf. Während ich Ladys Kopf in meinem Schoß halte, sage ich ein stilles Gebet. Ich danke ihr für alles, was sie mir geschenkt hat. Ich danke Gott: »Danke für diesen Hund, den Du mir geliehen hast, damit sie bedingungslose Liebe und Glück in mein Leben bringt. Sie hat ihre Aufgabe wahrlich erfüllt. Jetzt gebe ich sie Dir zurück. Pass gut auf sie auf.«

Die Ärztin spritzt ihr das Narkosemittel in die Vene des Hinterbeines. Als sie den Stich spürt, versucht Lady kurz, nach hinten zu schnappen. Die Spritze tut ihr weh. Ihre Muskeln verkrampfen und lösen sich wieder. Sie wird weich und sinkt tiefer in meinen Schoß. Ich halte ihren Kopf und sehe in ihre Augen, die unter Einwirkung des Mittels zurückweichen. Noch atmet sie, aber sie liegt schon in tiefem Schlaf. Meine letzte Botschaft an Lady: »Geh ins Licht. Gute Reise. Ich liebe dich.« Dann setzt die Tierärztin die tödliche Injektion direkt in ihr Herz. Ich merke keinen Unterschied zur Narkose, außer dass Ladys Pupillen milchig werden. Sie atmet nicht mehr. Mein Hund ist tot.

* * *

Die Tierärztin fragt, ob sie noch helfen kann, dann umarmt sie mich und verlässt still mein Haus. Jetzt bin ich alleine mit Lady. Ich halte sie im Schoß und streichele sie unaufhörlich. Ich spüre ihre Wärme, fühle das weiche Fell. Es ist, als ob sie schläft – nur dass sie nicht mehr atmet. Dann ein Zucken in den Beinen. Die Tierärztin hatte mich vorgewarnt. »Es kann passieren, dass immer noch Muskeln zucken, obwohl sie tot ist. Das kommt, weil die Befehle vom Gehirn, die quasi noch ›unterwegs‹ waren, ausgeführt werden.«

Ich nehme jeden Augenblick bewusst in mich auf. Ich weiß, dass mein Hund tot ist, aber das Zucken gibt mir noch ein Gefühl von einem Rest Leben in ihm. Ich fühle mich wie ein Kind, das die Augen hinter den Händen verbirgt und hofft, dass, wenn es sie auf macht, alles wieder so ist, wie es einmal war. Aber es ist nichts mehr so, wie es einmal war. Ich schaue aus dem Fenster. Oben am blauen Himmel ziehen zwei Bussarde ihre Bahn. Auch Lady »fliegt« und ist jetzt frei von Schmerzen.

Ich lege sanft ihren Kopf auf den Boden, gehe in den Garten, pflücke ein paar Blumen und lege sie um sie herum. Ich fotografiere ihren leblosen Körper. Sie sieht aus, als ob sie schläft. Dann mache ich mir einen Tee und hole meine alten Fotoalben hervor. Mit meiner Teetasse setze ich mich wieder zu Lady auf den Boden und nehme ihren Kopf in den Schoß. Während ich sie streichele, betrachte ich die vielen Bilder, die ich von ihr aufgenommen habe. Ich erzähle ihr, wie ich sie im Tierheim in Virginia gefunden habe, dass es uns vorbestimmt war, uns zu treffen. Ich erzähle ihr von den vielen Reisen, die wir gemeinsam unternommen haben. Unter Tränen muss ich über einige erlebte Abenteuer lachen. »Weißt du noch …?« Ich hülle uns ein in die Vergangenheit. Ich frage sie: »Habe ich alles getan, was möglich war? Warst du ein glücklicher Hund?« Die Freude der Erinnerung und die Dankbarkeit über das Leben mit ihr überschwemmen mich. Ich weiß, sie hat ein gutes Leben gehabt.

Nach und nach kommen meine Eltern, Nachbarn und Freunde vorbei, um von Lady Abschied zu nehmen. Immer noch kann ich sie nicht loslassen. Aber das ist in Ordnung so. Schließlich tritt die Dämmerung ein. Lady wird immer kälter und steifer. Ganz langsam fange ich an, innerlich loszulassen. Ihr Körper verändert sich auf unmerkliche Weise. Nach dem Tibetischen Totenbuch sind die Toten noch einige Zeit bei uns, nachdem sie ihre irdische Hülle abgestreift haben. Lady war mit mir noch fast acht Stunden nach ihrem Tod zusammen. Jetzt geht sie fort. Ich weiß plötzlich, dass ihre Seele nicht mehr in ihrem Körper ist. Dass jetzt nur noch ihre äußere Hülle dort liegt.

Nun endlich bin ich auch bereit, sie zu beerdigen und lege sie in ihr Grab, das sie sich im letzten Jahr noch selbst mit »ausgesucht« hat. Ich wickele sie in ihre Decke und lege um ihren Kopf noch ein getragenes T-Shirt von mir, damit sie meinen Duft bei sich hat. Um sie herum lege ich ihre Leine, ihr Lieblingsspielzeug, ein Foto von ihr und mir und – nach alter ägyptischer Tradition – ein paar Leckerlis für die lange Reise; schließlich sind Labradore immer hungrig. Ein letzter Kuss, ein letztes Streicheln. Dann fällt mit einem letzten kleinen Gebet die erste Erde auf meinen Hund. Vorsichtig fülle ich ihr Grab mit der dunklen, warmen Erde. Es ist vorbei.

Ich bin ungeheuer erschöpft und müde. Trotzdem habe ich ein Gefühl des Abschlusses und weiß, dass ich alles richtig gemacht habe. In dieser Nacht besucht mich Lady. Ich kann sie intensiv riechen, und höre, wie sie sich schüttelt, so wie sie es immer getan hat, wenn sie nach tiefem Schlaf aufstand. Sie ist bei mir und wird es immer bleiben.

Den meisten Hundehaltern ist es nicht vergönnt, so intensiv Abschied von ihren Vierbeinern zu nehmen. Oft machen es die Umstände nicht möglich, oder aber sie sind seelisch nicht in der Verfassung, ihre Tiere auf dem letzten Weg zu begleiten. Auch ich habe durch besondere Umstände einen meiner Hunde in einer Tierarztpraxis einschläfern und ihn auch dort liegen lassen müssen. Mein Heilungsprozess dauerte damals sehr viel länger. Unsere vierbeinigen Gefährten in ihren letzten Wochen und Tagen und auf ihrem letzten Weg begleiten zu können, ist eine besondere Gnade, die wir dankbar annehmen sollten. Und so schmerzhaft dieser Prozess auch ist, wir werden daran wachsen.

Dieses Buch ist für alle, die ihren Tieren und sich selbst helfen wollen, Abschied zu nehmen. Oft fühlen wir uns in diesem schmerzhaften Erlebnis von unserer Umwelt unverstanden oder sogar der Lächerlichkeit preisgegeben. Wir verstehen nicht, warum das jetzt passiert und wissen nicht, wie es weiter gehen soll.

Mit diesem Buch möchte ich meine Erfahrungen mit Ihnen teilen, denn aus zahlreichen Gesprächen weiß ich, dass es hilft zu wissen, dass wir mit unseren Gedanken und Gefühlen nicht alleine sind. Auch wenn wir nach dem Tod eines geliebten Angehörigen, sei es ein Mensch oder ein Tier, unendliche Traurigkeit und Einsamkeit durchleben, kommt nach allem Schmerz die Zeit, in der wir wieder hoffen und lieben können – und unsere Arme für einen neuen Hundefreund öffnen.

Der Verlust…

…durch Tod

Eine wundervolles Geschenk des Lebens ist es, wenn wir ein langes Leben mit unseren vierbeinigen Freunden verbringen konnten. Der Tod ist dann zwar ein trauriger, aber natürlicher Abschluss. Was aber, wenn der Hund viel zu früh aus dem Leben gerissen wird? Eine Bekannte von mir verlor einen Welpen – nur drei Wochen nachdem sie ihn zu sich geholt hatte. Es war ihr erster Hund und kaum hatte sie sich damit vertraut gemacht, für ein vierbeiniges Lebewesen zu sorgen, wurde es ihr schon wieder genommen.

Suzanne Clothier beschreibt in ihrem wunderschönen Buch »Würde das Gebet eines Hundes erhört … Es würde Knochen vom Himmel regnen«, ihre Gedanken und Gefühle, als bei ihrem sechs Wochen alten Schäferhundwelpen McKinley ein Herzfehler diagnostiziert und ihm eine maximale Lebenserwartung von zwei Jahren vorhergesagt wurde. (Er starb im Alter von sieben Monaten.)

Ob mit zehn Wochen, sieben Monaten, 13 Jahren – unsere Hunde sterben immer zu früh. Was den Tod eines jungen Hundes so besonders schmerzhaft macht, ist, dass

ein Stück Zukunft stirbt, ein Stück Hoffnung und Erwartung, wie unser gemeinsames Leben hätte sein können. Bei einem alten Hund kommt der Tod oft sogar als Erlösung. »Er hatte ein gutes Leben«, sagen wir. Wenn ein junger Hund stirbt, der noch voller Energie und Lebensfreude ist, dann empfinden wir das als ungerecht und unfair. Es gibt keine tröstenden Worte außer vielleicht dem Gedanken, dass auch dieses kurze Leben ein Geschenk für ihn und uns war.

...durch Verschwinden

Die meisten Menschen denken beim Verlust eines Hundes an den Tod. Aber es gibt auch andere Arten des Verlustes, die traumatisch sein können, zum Beispiel die Seelenqual und die nicht enden wollenden Gedanken darüber, wo das Tier sein könnte, wenn ein Hund verschwindet und einfach nicht mehr auftaucht. Im Internet oder auf Plakatwänden kann man immer wieder Suchanzeigen von Hundehaltern lesen, die verzweifelt ihre Tiere suchen und dabei hohe Belohnungen für das Wiederauffinden anbieten. Im Tasso-Suchtierregister waren 2.943 vermisste Hunde allein im Jahr 2009 registriert. Die Eigentümer gehen durch alle Stadien der Trauer, auch wenn unklar ist, was mit dem Hund passiert ist. Gleichzeitig klammern sie sich an die Hoffnung, dass das geliebte Tier eines Tages doch noch wieder auftaucht. Diese Möglichkeit wird immer vager, je länger es verschwunden ist, aber die Fragen werden für immer bleiben: Was ist passiert? Wo ist er? Geht es ihm gut? Lebt er noch? Wenn sie wenigstens wüssten, dass er tot ist, könnten sie anfangen zu trauern. So aber bleibt ihr Leben lang eine schreckliche Ungewissheit.

Es gibt verschiedene Möglichkeiten, warum ein Hund verschwindet. Er kann fortlaufen, gestohlen, von Fremden gefoltert oder für Tierversuche missbraucht werden. Schon der Gedanke, dass unser Hund jetzt irgendwo eingesperrt ist und gequält wird, ist eine Tortur und solange wir nicht wissen, was passiert ist, gibt es keine Erlösung von dem Schmerz. Frieden finden wir erst, wenn das Tier zurück kommt oder wir von seinem Tod erfahren.

Es ist wichtig, dass wir alle diese Möglichkeiten des Verschwindens durchdenken und versuchen, zu vermeiden. Ständige Aufmerksamkeit gehört mit zur Verantwortung, die wir mit dem Einzug eines Vierbeiners übernehmen. So ist es wichtig, dafür zu sorgen, dass Haus- und Gartentür stets geschlossen sind und ein notorischer Ausreißer nicht fortlaufen kann. In meinem Heimatort lebte ein Arzt, der sich für einen großen Tierfreund hielt. Er glaubte, es sei das Gott gegebene Recht seiner Hunde, tun und lassen zu können, was sie wollten und so öffnete er an jedem Morgen seine Haustür und lies die Tiere durch das Dorf laufen. Nur der schnellen Reaktion vieler Autofahrer war es zu verdanken, dass die Hunde die »grenzenlose Freiheit« überlebten.

Viele Hunde werden gestohlen, wenn sie angeleint vor einem Geschäft auf ihre Halter warten oder sich auf einem nicht abgeschlossenen Grundstück aufhalten. In unserer Stadt hatten sich Jugendliche einen Spaß daraus gemacht, Hunde aus Gärten oder von Höfen zu stehlen und als »Fundsache« zurück zu bringen, wenn eine Belohnung ausgeschrieben wurde. In einem solchen Fall ist der Hund wenigstens nicht für immer verloren. Aber es gibt auch die professionellen Hundefänger, die besonders weibliche Rassehunde an »Hundevermehrer« verkaufen. Dort fristen die Hündinnen dann ein elendes Leben als »Zuchtmaschinen«.

Einer Frau, die im Rollstuhl saß, wurde ihr Begleithund gestohlen. Drei Jahre lang waren sie ein Team, der Hund war für ihr tägliches Leben unentbehrlich. Die Ungewissheit, was mit dem Tier geschehen war und ihre unerträgliche Einsamkeit führten nach kurzer Zeit zu einem tödlichen Herzinfarkt.

Auch für Versuchszwecke werden immer wieder Tiere gestohlen. Die Tierfänger kommen im Schutz der Dunkelheit und ihre Autos haben gefälschte oder gestohlene Kennzeichen. Mit Sexualduftstoffen locken sie Haustiere aus Häusern und Gärten – durch eine Klappe direkt in den Lieferwagen. Auch wenn Versuchslabore nach deutschem Recht keine gestohlenen Tiere kaufen dürfen, sondern sie speziell dafür züchten müssen, so reißen die Gerüchte von gestohlenen Tieren, denen im Labor alle Identifizierungen entfernt werden, nicht ab. So sollen Chips entfernt oder Ohren mit Tätowierungen kupiert worden sein. Die Ungewissheit, seinen Hund eventuell an solche Tierfänger verloren zu haben, ist so schrecklich, dass mancher Hundehalter es vorziehen würde, von seinem Tod zu erfahren. Zusätzlich sterben allein im Straßenverkehr jährlich 100.000 bis 200.000 Haustiere und Jäger erschießen jedes Jahr zahlreiche streunende und wildernde Hunde und Katzen.

… durch Entzug

Auch »von Amts wegen« können Hundehalter ihre Tiere verlieren. Halter so genannter »Kampfhunde« müssen die erforderlichen Auflagen erfüllen. Können oder wollen sie dies nicht, werden ihnen ihre Tiere weggenommen – und sie trauern um ihren vierbeinigen Gefährten.

Besonders tragisch ist der Verlust von Tieren für Menschen, deren Lebensziel es ist, sich um vernachlässigte Lebewesen zu kümmern. Immer wieder liest man von Personen (meist übrigens Frauen), die 20, 30, 100 Hunde aufgenommen haben und denen die Fürsorge für diese vielen Tiere vollkommen über den Kopf gewachsen ist. Sie haben jeden Bezug zur Realität verloren. Nachbarn, die sich vom Geruch und Lärm belästigt fühlen, erstatten Anzeige und fordern die Entfernung der Hunde. Die zurückgelassenen Halter verzweifeln dann oft aus Sorge um die Tiere, denn sie realisieren ja nicht, dass es ihnen unter den gegebenen Umständen schon lange nicht mehr gut ging.

Wenn alte Menschen ins Krankenhaus oder Pflegeheim kommen und sie niemanden haben, der sich um ihren Hund kümmert, werden die Tiere in ein Tierheim gegeben und im günstigsten Fall weiter vermittelt. Ihre kranken Besitzer sind äußerst liebevoll mit ihnen umgegangen und haben sich vielleicht jahrelang um sie gekümmert. Nun kommt zum körperlichen Leiden noch die Einsamkeit und große Trauer über den Verlust ihres Tieres, was zu einer drastischen Verschlechterung des Gesundheitszustandes führen kann.

...durch Scheidung

Auch eine Scheidung kann zum Verlust eines Hundes führen. Bei einer Scheidung gibt es niemals einen wirklichen Gewinner. Bei Hundehaltern kommt hinzu, dass einer der Partner den Hund verliert und der Verlust des Tieres wird noch durch die zusätzlichen Probleme, die durch die Scheidung entstehen, verstärkt.

Interessant ist, dass Menschen, die einen Hund durch

Scheidung verlieren, oft sagen, dass es für sie die Trennung besonders schwer macht, weil sie wissen, dass das Tier weiterlebt, sie aber sein Leben nicht mehr teilen können. Dies kann mehr Schmerz verursachen, als ein endgültiger Verlust durch den Tod. Es kann aber auch so sein, dass ein gewisser Trost darin liegt, den Hund beim ehemaligen Partner in guten Händen zu wissen, zum Beispiel weil dieser mehr Zeit für das Tier hat, als man selbst oder weil der Hund im gewohnten Lebensumfeld bleiben kann.

Tragisch entwickelt sich die Situation hingegen, wenn der Partner den Hund bekommt, der ihn nicht leiden kann und nur deshalb haben wollte, um sich am anderen zu rächen. Man hat festgestellt, dass viele misshandelte Ehefrauen bei ihren Partnern bleiben, weil sie Angst haben, dass dieser sich sonst an ihren Tieren rächt. Schafft es eine misshandelte Frau schließlich, sich in ein Frauenhaus zu flüchten, sind Tiere dort oft nicht erlaubt. Hier kommt zur Trauer über den Verlust auch noch die Angst hinzu, was mit dem Hund geschieht – und diese Angst ist oftmals berechtigt. Denn tatsächlich kommt es vor, dass das Tier vom verlassenen Partner brutal behandelt oder sogar getötet wird.

Immer, wenn wir uns von einem Tier verabschieden müssen, das ein Teil unseres Lebens war, durchlaufen wir die meisten Stadien des Verlustes, auf die ich auch weiter hinten im Buch noch näher eingehen werde. Aber einige Abschiede sind verstärkt durch die Ungewissheit und/oder das überwältigende Gefühl des eigenen Versagens. Bedauerlicherweise gibt es keine echte Lösung für den Schmerz. Einen Abschluss finden wir oftmals nur durch die Rückkehr des Tieres oder die Nachricht seines Todes.

Euthanasie – ja oder nein?

So mancher Hundehalter musste sich schon einmal mit der Frage beschäftigen, ob er seinem Gefährten einen letzten Liebesdienst dadurch erweisen kann, dass er ihm das Leben nimmt. Wenn die Schmerzen zu groß sind, es keine Aussicht auf Heilung oder zumindest Besserung gibt und der Hund offensichtlich leidet, ist dann eine Einschläferung nicht gnädiger, als abzuwarten, bis die Natur der Dinge ihren Lauf nimmt und das Tier von selbst stirbt? Andererseits birgt eine solche Entscheidung natürlich die Gefahr, eventuell zu früh einzuschreiten. Wie macht man es »nach besten Wissen und Gewissen« richtig?

Die Rechtslage

Nach dem deutschen Tierschutzgesetz darf »niemand ohne einen vernünftigen Grund einem Tier Schmerzen, Leiden oder Schaden zufügen«, und »wer ein Wirbeltier ohne vernünftigen Grund tötet, begeht eine Straftat«. Ein »vernünfti-

ger Grund« gilt dann als gegeben, wenn ein Weiterleben des Hundes mit erheblichen, nicht behebbaren Schmerzen und Leiden verbunden ist.

Dagegen ist das Töten von gesunden Tieren nach deutscher Gesetzgebung definitiv verboten. Niemand hat also das Recht, einen Hund, der aufgrund bestimmter Umstände schwierig in der Haltung geworden ist, selbst zu töten oder vom Tierarzt einschläfern zu lassen.

In besonders begründeten Einzelfällen rechtfertigt der Schutz eines höheren Rechtsgutes, das heißt die leibliche Unversehrtheit des Menschen, auch die Euthanasie eines aggressiven Hundes, der möglicherweise schon zum wiederholten Male Menschen angegriffen und dabei *ernsthaft* verletzt hat.

Hierbei handelt es sich jedoch ausschließlich um Einzelfälle, denn das Tierschutzgesetz verbietet es, Wirbeltiere »ohne vernünftigen Grund« (§ 17) zu töten. In manchen Fällen kann jedoch durch die Gefährlichkeit des Hundes ein solcher Grund gegeben sein. Wann ein Hund gefährlich ist, entscheidet das Veterinäramt gemeinsam mit dem Amtstierarzt nach den Richtlinien der einzelnen Bundesländer.

Bedingung ist jedoch immer zunächst ein Sachverständigengutachten, gefolgt von einem Bescheid des Amtstierarztes über die Gefährlichkeit eines Tieres und der Ankündigung seiner Tötung. Dabei muss dem Hundehalter die Gelegenheit gegeben werden, Widerspruch gegen die Tötungsverordnung zu erheben und die Ungefährlichkeit eines Tieres zum Beispiel durch einen Wesenstest nachzuweisen (VG Frankfurt, Az 2 E 1506/99 und VG Sigmaringen, Az 6 K 1329/01). Ein Hund darf selbstverständlich nicht eingeschläfert werden, weil er einer angeblich »gefährlichen« Rasse angehört.

Ethik und Verantwortung

Das Wort Euthanasie stammt aus dem Griechischen und setzt sich aus der Silbe »eu« schön und dem Wort »thanatos« Tod zusammen, also ein »schöner Tod« oder sinngemäß ein leichter, schneller Tod.

Haben wir vom ethischen Gesichtspunkt her das Recht, ein Lebewesen zu töten? Wer will hier selbstherrlich richten? Gerade für uns Deutsche ist dieser Gedanke durch die Gräueltaten des Naziregimes belastet.

Auch heute noch werden überall in der Welt unschuldige Menschen und Tiere aus unsinnigsten Gründen gefoltert und getötet: Krieg, Hunger, vorsätzlich herbeigeführte Versuche in der medizinischen Forschung und anderen Industriezweigen. Grundsätzlich bleibt die Frage, woher wir uns das Recht nehmen, den Tod anderer Lebewesen herbeizuführen, und ob wir das Recht haben, zu (ver)urteilen, während wir gleichzeitig Millionen von Nutztieren in die Schlachthäuser schicken, um unseren Hunger nach Fleisch zu befriedigen?

Auch die Diskussion über die Sterbehilfe beim Menschen macht immer wieder Schlagzeilen. Die Gefahr des Missbrauchs oder Irrtums ist groß. Dürfen wir lebenserhaltende Maschinen abschalten? Immer mehr Menschen hinterlassen eine Patientenverfügung, muss sie von Ärzten respektiert werden? Können wir schwer kranken, leidenden Menschen beim Selbstmord Hilfestellung geben? Dürfen wir ihnen diese Hilfestellung verweigern? Dürfen wir eine solche Entscheidung für unsere Tiere treffen? Mit dieser Frage werden sich besonders religiös verwurzelte Menschen quälen. Maßt man sich womöglich an, eine Gottesentscheidung zu treffen? Die Bibel gibt hier keine Antwort, sie besagt lediglich, dass wir die Verantwortung für die uns anvertrauten Lebewesen haben.

Zur Euthanasie eines Tieres vertreten Ethiker wie zum Beispiel Albrecht Schweizer die Auffassung: »Dem nicht zu behebenden Leiden eines Lebewesens durch barmherziges Töten ein Ende zu setzen, ist ethischer als davon Abstand zu nehmen.«

Wenn es darum geht, ein leidendes Geschöpf zu erlösen, dann ist Euthanasie eine Frage der ethischen und praktischen Notwendigkeit, aber sie ist stets traumatisch für denjenigen, der die Entscheidung treffen und den richtigen Zeitpunkt hierfür finden muss. Es ist einerseits ein Teil der allumfassenden Verantwortung, die wir für unsere Tiere übernommen haben und andererseits eine Entscheidung, die im Augenblick des Geschehens unser Herz brechen wird.

Wenn wir einen Hund in unser Leben aufnehmen, versprechen wir – wie in einer Ehe – für ihn zu sorgen und ihn zu lieben, bis dass der Tod uns scheidet. Sein ganzes Leben lang kümmern wir uns um ihn und sorgen für sein körperliches und seelisches Wohlergehen, und je mehr wir uns kümmern, umso enger wird unsere Beziehung. Am Ende ähneln Hund und Halter oft einem alten Ehepaar, das sich ohne große Worte versteht und weiß, was der andere denkt, noch ehe der dies ausgesprochen hat. Im Idealfall bauen wir eine enge gegenseitige und immer tiefer werdende Beziehung auf – manchmal enger als zu jedem anderen menschlichen Familienmitglied.

Aber gerade durch die unschuldige und totale Abhängigkeit des Hundes von uns laufen wir Gefahr, die Perspektive dafür zu verlieren, wie weit unsere Verantwortung dem Tier gegenüber geht. Oft ist in einer solchen Beziehung kein Platz für das Nachdenken über den Tod, mit dem wir uns am liebsten gar nicht befassen wollen. Schon der Gedanke lässt viele von uns in Panik geraten, und wir vermeiden dieses Thema, als gäbe es keinen Abschied. Aber eines Tages ist der Zeitpunkt gekommen, an dem der Hund alt oder krank wird und Schmerzen leidet, der Augenblick, vor dem wir uns so sehr gefürchtet haben, und wir müssen uns damit abfinden, bald ohne ihn zu sein. Mit etwas Glück haben wir zumindest noch Zeit, Vorbereitungen zu treffen und Abschied zu nehmen.

Für unseren Hund haben wir eine »gottähnliche« Position. Wir sind die Quelle von allem, was sein Leben ausmacht und gerade das bringt auch die größte aller Verpflichtungen mit sich: eines Tages die letzte und endgültige Entscheidung über sein Leben zu treffen. Nur wir können diese Entscheidung treffen, müssen mit ihr leben und deshalb auch absolut sicher sein, dass sie richtig ist, denn sie kann nicht mehr rückgängig gemacht werden.

Indem wir der Todesengel für ein geliebtes Wesen werden, sehen wir uns auch mit unserem eigenen Tod konfrontiert. Das kann sehr verwirrend sein und wir müssen feststellen, dass wir auf diesem Weg letztendlich allein sind, ganz gleich, wie hilfsbereit unsere Familienangehörigen und Freunde auch sein mögen. Wir kommen an einen existenziellen Wendepunkt in unserem Leben und wenn wir in dieser Dunkelheit auf uns selbst treffen, lernen wir, dass wir loslassen und weiter gehen können. Wir werden gestärkt durch die Erfahrung, dass wir ein paar Jahre unseres Lebens mit einem ganz besonderen, liebevollen Wesen teilen durften.

Immer wieder sagen mir Menschen, deren Hunde eingeschläfert werden müssen: »Das kann ich nicht.« oder »Das ertrage ich nicht.« Sie glauben, es emotional nicht zu ver-

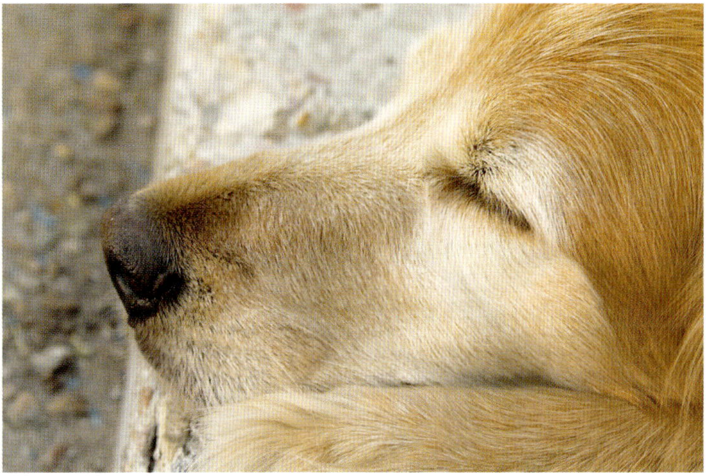

kraften, in den letzten Stunden und Minuten bei ihrem Tier zu sein. Anfangs wurde ich wütend, wenn ich das hörte. Wie konnten sie nur! Das hatte der Hund nicht verdient, allein zu sein in seiner letzten Stunde! Aber dann berührte mich die ehrliche Trauer und Verzweiflung dieser Menschen und ich schämte mich meiner zuvor empfundenen Selbstgerechtigkeit. Gerade unsere Hunde sind es, die uns bedingungslose Liebe und Vergebung gelehrt haben. Was würden *sie* sagen, wenn ihre zweibeinigen Freunde sie in dieser Stunde alleine ließen? Vermutlich würden sie auch hierfür Verständnis haben und mit sanften Augen flüstern: »Ist schon in Ordnung. Ich verstehe, dass du noch nicht so weit bist.« Wie konnte ich es dann wagen, mich zum Richter zu erheben? Ich habe Menschen erlebt, die in tiefster Verzweiflung waren, deren Hund Schmerzen litt, und die ihn dennoch nicht erlösen konnten. Welches Recht hatte ich, in diese Wunde zu schlagen und sie dafür zu verurteilen?

Oft sind es die Tiere, die eine Entscheidung treffen. Ich kannte einen Hund, der von Krebszellen regelrecht zerfressen war und trotz starker Medikamente grausame Schmerzen litt. Für seine Halterin war er nach dem Tod ihres Ehemannes das einzige Lebewesen, das sie noch hatte. Sie war verzweifelt, weinte über den Zustand ihres Hundes und schaffte es dennoch nicht, ihn gehen zu lassen. Eines Tages, als sie mit ihrem großen Auto zum Einkaufen fahren wollte, überfuhr sie ihn beim Rückwärtsfahren aus der Garage. Der Hund hatte sich von ihr unbemerkt vor den Hinterreifen gelegt (was er noch nie in seinem Leben getan hatte). Wir alle, die wir das Tier und die Umstände kannten, glauben nicht an einen Zufall und denken, dass der Hund auf diese Weise seiner Halterin die Entscheidung abnahm, die sie nicht treffen konnte.

Lernen wir von unseren Hunden und strecken wir die Hand nach denen aus, die nicht so stark sind und die es nicht schaffen, ein leidendes Tier zu erlösen. Vielleicht können wir einem Freund oder einer Freundin helfen und ihnen den Gang abnehmen. Aus Liebe – zum Tier, zur Freundin und zu uns selbst.

Wann ist der richtige Zeitpunkt?

Es ist nur natürlich, dass wir versuchen, die Entscheidung hinauszuzögern; aber getroffen werden muss sie trotzdem. Es wird keine gute Fee geben, die ihren Zauberstab hebt und unser Hund ist wieder jung und gesund.

Wie wissen wir, ob es für ein Tier an der Zeit ist, zu sterben? Vielleicht kann eine gute medizinische Versorgung unseren Hund retten oder zumindest sein Leben noch verlängern? Die vertrauensvolle Zusammenarbeit mit einem versierten Tierarzt ist wichtig, er kann uns beratend zur Seite stehen. Aber oftmals spürt man auch selbst, wann der Zeitpunkt gekommen ist, den Hund gehen zu lassen.

Lebensqualität ist das Schlüsselelement bei der Entscheidung über Leben und Tod. In unserer Kultur wird der Tod als Feind gesehen, der so lange wie möglich in Schach gehalten werden muss. Tiere haben eine natürlichere Einstellung zum Tod. Sie akzeptieren ihn, so wie sie auch alles andere Unvermeidbare akzeptieren.

Zu wissen, wann der richtige Zeitpunkt gekommen ist, bedeutet, dass wir dem Hund zuhören und ihn verstehen müssen. Sehr oft geht das Tier durch verschiedene Stadien des Verfalls von Besserung und Verschlechterung. Mit jeder Besserung hoffen wir, und bei jeder Verschlechterung geloben wir ein Ende der Schmerzen. Wenn wir genau zuhören und beobachten, dann erfahren wir, dass unsere Hunde uns sagen, wann es soweit ist.

Bevor ich eine für meine Hündin Lady die endgültige Entscheidung traf, durchlief ich ein kleines Ritual in drei Schritten:

1. Ich sagte ihr, dass es in Ordnung sei zu sterben und dass ich sie schrecklich vermissen und tief um sie trauern würde. Dass ich mir wünschte, dass sie für immer bei mir bliebe, aber dass dies nicht möglich sei. Außerdem wüsste ich, dass der Ort, zu dem sie nun geht, wundervoll ist und wir niemals wirklich getrennt sein würden. Wenn sie nun gehen müsste, dann würde ich ihr helfen und sie unterstützen. Ich sagte ihr auch, dass sie nicht meinetwegen länger hier bleiben müsste und es mir bei aller Trauer nach einer Weile auch wieder gut gehen würde, weil mir immer die Erinnerung an unsere gemeinsame Zeit bliebe.

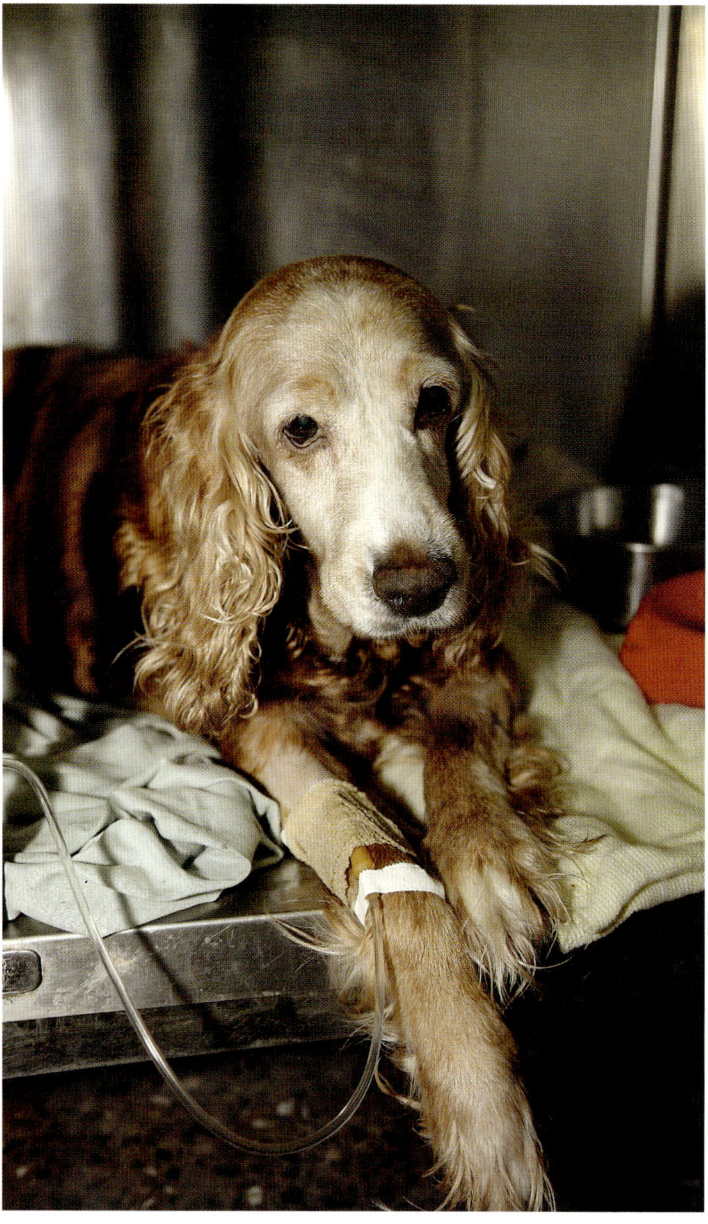

Wichtig war mir, dass alles, was ich ihr sagte, auch wirklich so von mir gemeint war, denn ich bin überzeugt davon, dass Hunde spüren, wenn wir unaufrichtig sind und sagen, es sei in Ordnung zu gehen, innerlich aber darum flehen, dass sie bei uns bleiben, weil wir es nicht ertragen können, sie zu verlieren. Tiere können eher unsere Gedanken als unsere gesprochenen Worte verstehen und werden in ihrer uneigennützigen Art stets versuchen, ihren Tod leicht für uns zu machen.

2. Ich bat meinen Hund noch einmal um Hilfe und sagte ihm, dass ich traurig, ängstlich und verwirrt sei und nicht sicher, was ich tun soll. »Kannst Du mir bitte so genau wie möglich sagen, was ich tun soll? Bist Du bereit, zu gehen?«
3. Dann atmete ich mehrmals tief durch und versuchte, innerlich ruhig zu werden und mich zu konzentrieren. Ich habe dieses Ritual auch schon vorher, mit anderen Tieren durchlaufen und immer kam auf irgendeine Art und Weise eine Antwort oder ein Signal von dem sterbenden Tier.

Als es Lady schlechter ging, hatte ich nachts mein Bett auf dem Boden neben ihrem Korb aufgeschlagen. In der letzten Nacht stand sie vor mir und schaute mich lange an. Es war, als ob ihre Augen sagen wollten: »Liebes, ich kann nicht mehr länger. Du musst mich gehen lassen.« Ich sah sie an und wusste, dass sie Recht hatte.

Wir kennen unsere Hunde und erkennen die Zeichen, die uns klar zeigen, dass sie das Leben noch genießen: ein Wedeln des Schwanzes, ein Lächeln, ein glücklicher Seufzer, ein Bein, das sich nach oben streckt, damit wir den Bauch streicheln können. Aber auf der anderen Seite ist die Beurteilung der Lebensqualität eines Hundes keine Entscheidung, die wir ad hoc treffen können oder dürfen.

Bei Sandy, dem Golden Retriever meiner Freundin Joanne wurde Knochenkrebs diagnostiziert. Ihr rechtes Vorderbein musste amputiert werden. Kurz danach wurde sie blind und Joanne glaubte, dass jetzt die Zeit gekommen war, Sandy einschläfern zu lassen. »Aber ihr Schwanz war immer in Bewegung. Sie begrüßte mich stets freudig und humpelte auf mich zu, wenn ich nach Hause kam«, erzählte Joanne. »Manchmal lag sie auf der Terrasse und schlief, während ich mich an ihr vorbei schlich. Obwohl sie blind und fast taub war, fand sie mich doch immer irgendwo im Haus.« Trotz ihrer Krankheit und Behinderung genoss Sandy noch immer ihr Leben. Als Sandy schließlich mehr schlechte als gute Tage durchlebte, wusste Joanne, dass ihre gemeinsame Zeit zu Ende ging.

Auch Lady hatte im Alter und trotz ihrer Krankheit noch Lebensqualität. Sie war fast taub und hatte in ihrem letzen Jahr den Darm nicht mehr unter Kontrolle. Da sie es nie bemerkte, wenn ein Unglück passierte, belastete es sie auch nicht. Ich stellte das Essen so um, dass die Hinterlassenschaften fester wurden und leicht fort geräumt werden konnten. Freunde, die keine Hunde besaßen, fingen an, mein Haus zu meiden, weil es nach »altem Hund« roch. Aber Lady genoss ihre kurzen Spaziergänge und liebte es, in der Sonne im Garten zu liegen. Gegen die schlimmer werdende Arthrose halfen Physiotherapie und schließlich auch Medikamente. Sie bekam Tabletten, um das Herz zu stärken und das überflüssige Wasser in ihrem Körper auszuscheiden.

Die Gabe von Medikamenten kann aber auch zum Problem werden, zum Beispiel dann, wenn ein durch sie gestärktes Herz nicht zulässt, dass ein geschwächter Körper sterben kann. So verlängern wir oft den natürlichen Sterbeprozess.

Einer meiner Hunde war ein 15jähriger, schwarzer Mischling namens Klops. Bis zwei Wochen vor seinem Tod war er kerngesund und fit. Dann plötzlich, innerhalb weniger Tage, wollte er nicht mehr spazieren gehen und fraß auch die besten Leckerbissen nicht mehr. Er zog sich völlig zurück und nachdem er sogar das angebotene Wasser verweigerte, wusste ich, dass seine Zeit gekommen war. Der Tierarzt konnte mir nur bestätigen, dass er im Sterben lag.

Das Nachlassen der Aufmerksamkeit und der Verlust des Interesses am Leben können ein Signal dafür sein, dass der Sterbeprozess beginnt. Die Zeichen hierfür können vielfältig sein. Das Tier schläft vielleicht viel und lässt sich nur schwer wecken. Es beginnt, sich im Haus zu erleichtern. Mit dem Verlust des Appetits und später der Verweigerung der Wasseraufnahme stellt sich der Tod innerhalb von ein bis zwei Tagen ein. Ein Hund, der auf natürliche Weise durch diesen Prozess geht, stirbt manchmal im Schlaf. Ist er aber schwer krank oder verletzt, dann könnte er Schmerzen haben, sich erbrechen müssen, Durchfall und Schwierigkeiten bei der Atmung haben oder große innere Unruhe verspüren. In diesem Fall sollte man sich überlegen, sein Leiden zu beenden.

Es gibt verschiedene Symptome, die, wenn sie gehäuft auftreten, ein Hinweis darauf sein können, dass es an der Zeit ist, den Hund einzuschläfern. Allerdings muss die Entscheidung darüber immer genau abgewogen und mit einem verantwortungsvollen Tierarzt besprochen werden, denn einzelne dieser Symptome können auch dann auftreten, wenn es dem Hund gerade jetzt nicht gut geht – er sich aber innerhalb von Tagen oder wenigen Stunden wieder erholt.

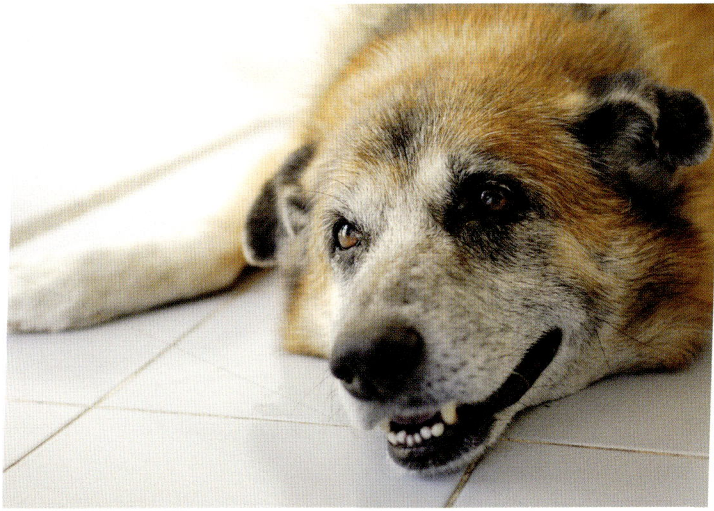

1. Verwirrung – der Hund findet zum Beispiel sein Körbchen oder seine Decke nicht.
2. Starke Schwäche – der Hund schwankt, lehnt sich an Dinge oder Wände an oder fällt regelrecht zusammen, um sich auszuruhen.
3. Der Hund sitzt mit dem Kopf über der Wasserschüssel, trinkt aber kaum oder gar nicht.
4. Die Körpertemperatur des Hundes sinkt ab.
5. Er verweigert Wärme, obwohl er sich kalt anfühlt oder das Umfeld kalt ist.
6. Der Hund liegt oder kauert sich zusammen und starrt in die Luft. Die Augen fokussieren dabei nicht und folgen auch keiner Bewegung.
7. Schnelles Atmen durch halb geöffneten Mund.

Der Sterbeprozess

Viele Hundehalter glauben, dass das Tier spürt, wenn es auf die letzte Fahrt zum Tierarzt gebracht wird. Aber oftmals ist der Grund für die Nervosität des Hundes auch nur, dass er die Angst seines Besitzers spürt und die gefürchteten Gerüche der Tierarztpraxis kennt. Ich empfehle daher immer, das Tier möglichst Zuhause in seiner gewohnten Umgebung einzuschläfern, schon allein deshalb, weil der geliebte Hund seine letzten Stunden oder Minuten nicht an einem Ort verbringen soll, der ihm Angst einflößt oder zumindest mit unangenehmen Erinnerungen verbunden ist. Würden wir uns nicht alle wünschen, dass es uns vergönnt ist, in unserem eigenen Zuhause, umgeben von den Menschen und Tieren, mit denen wir gelebt haben, zu sterben? Den meisten Menschen ist dies heutzutage nicht mehr möglich, aber zumindest für unsere Tiere können wir den letzten Abschied so liebevoll und angenehm wie möglich gestalten.

Die Euthanasie an sich ist bei richtiger Durchführung ein schmerzloser Prozess, der durch die Überdosierung eines Narkosepräparats herbeigeführt wird. Zunächst erhält der Hund ein starkes Schlafmittel oder eine Narkose. Ist er eingeschlafen, bekommt er ein überdosiertes Narkosemittel oder eine Euthanasielösung in die Vene oder direkt ins Herz gespritzt. Innerhalb von Sekunden fühlt man dann, wie sich der Körper entspannt. Medizinisch hört sich der Wirkungsablauf so an:

- Komplette und schnelle Ausschaltung des Bewusstseins,
- Zustand der Tiefennarkose,
- durch die Überdosierung des Präparates Herbeiführung eines Atemstillstandes,
- finaler Herzstillstand und Gehirntod.

Ein tierschutzgerechtes Euthanasiepräparat in Deutschland ist Eutha® (Wirkstoff: Pentobarbital), das von der obersten Bundesbehörde für Tierarzneimittel zugelassen ist. Deutlich kritischer werden in Fachkreisen Präparate gesehen, die nicht eindeutig dem Narkosewirkprinzip folgen und einen »Mischcocktail« aus verschiedenen Substanzen darstellen, bei denen das Zusammenwirken und die Wirkungsabfolge oft unklar sind. Ein Beispiel für ein derartiges Mittel ist das Präparat T61. Dieses Präparat enthält zwar auch eine narkoseähnliche Substanz (Embutramid), jedoch ist über die Wirkung in der tiermedizinischen und pharmakologischen Fachliteratur kaum etwas bekannt. Daneben ist in T61 auch noch eine Curare-ähnliche Komponente (Mebezonium Jodid) enthalten. Curare ist das von südamerikanischen Indianern verwendete Pfeilgift und führt zu Muskellähmung (inklusive Lähmung der Atemmuskulatur) und damit zum nachfolgenden Ersticken. Ohne zusätzliche Narkose würde dieser Erstickungstod bei vollem Bewusstsein herbeigeführt und eine so durchgeführte Euthanasie entspräche damit gemäß unserer Rechtslage einem tierquälerischen Akt. Das Bedenkliche an T61 ist daher die Frage, ob die Narkose in jedem Fall, also zu 100 %, vor der Lähmung der Atemmuskulatur und damit dem Ersticken eintritt und genau diese Frage wird in der Literatur nach wie vor unterschiedlich bewertet. In den USA hat man aufgrund dieser Unsicherheiten T61 schon vor zehn Jahren vom Markt genommen. Ebenso umstritten ist die Methode, die tödliche Überdosis direkt über einen Venenzugang zu geben, ohne den Hund vorher zu narkotisieren. Manche Tierärzte argumentieren, dass der Tod auf diese Weise sowieso innerhalb von wenigen Sekunden herbeigeführt wird und man sich deshalb die Narkotisierung sparen könne – es sei ja gleich vorbei. Der Hund erlebt seine Einschläferung und den damit verbundenen Herzstillstand so aber bei vollem Bewusstsein, bäumt sich oftmals noch nach Luft schnappend mit aufgerissenen Augen auf, bevor er schließlich in sich zusammen sinkt. Eine solche Einschläferung ist eine grausame Erfahrung für Hund und Halter. Auch wenn das Gespräch über die bevorstehende Euthanasie schmerzhaft ist, sollten Sie deshalb unbedingt mit Ihrem Tierarzt besprechen, auf welche Art und Weise er Ihren Hund einschläfern will und welche Mittel er hierfür einsetzen möchte. Erklären Sie ihm Ihre Bedenken und lassen Sie sich genau erklären, wie er vorgehen wird.

Es ist wichtig zu wissen, dass gelegentlich auch bei absoluter Bewusstseinsausschaltung und bereits nach dem Eintritt des Todes noch Reflexe (insbesondere der Gliedmaßen) auftreten können. Ebenso sind Zuckungen der Muskulatur, eine letzte kurze Lautäußerung oder ein letzter tiefer Atemzug möglich. Es wäre falsch, dies erschrocken als Zeichen des Noch-Lebens zu interpretieren, denn diese oft gespenstisch anmutenden Erscheinungen sind lediglich ein Ausdruck dafür, dass das Gehirn als Schaltzentrale komplett ausgeschaltet wurde und daher die ohne Bewusstsein ablaufenden Reflexe ein letztes Mal sichtbar werden. Sie können nie komplett ausgeschlossen werden, auch nicht bei absolut fachgerechtem Vorgehen des Tierarztes. Dieser wird sich in jedem Fall durch Abhören des Herzens mit dem Stethoskop davon überzeugen, dass der Herzstillstand tatsächlich eingetreten ist – dem der Gehirntod unmittelbar folgt. Oftmals tritt innerhalb der nächsten Stunde durch die Lösung der Muskulatur der Blasen- und Darminhalt aus. Auch darauf muss man vorbereitet sein und am besten eine Decke unter den Hund legen.

Nach dem Tibetischen Buch vom Leben und Sterben ist mit dem Gehirntod der eigentliche Sterbeprozess noch nicht beendet. Die Länge der Zeitspanne zwischen dem Aufhören der Atmung und dem Ende der »inneren Atmung« wird traditionell als die »Zeit, die man braucht, um eine Mahlzeit zu sich zu nehmen« angegeben, also etwa 20 Minuten. In dieser Zeit ist jedes Lebewesen noch geistig präsent, auch wenn es körperlich bereits tot ist. Diese Zeit und die Zeit danach ist für viele Menschen die intensivste, die sie jemals mit ihrem Tier erlebt haben.

Als ich meine Hündin nach ihrem Tod im Arm hielt, empfand ich durch meinen Schmerz hindurch einen Zustand reinsten Glücks, tiefer Liebe und hellen Lichts. Dieser Zustand ist unabhängig davon, ob wir den Tod bei einem geliebten vier- oder zweibeinigen Lebewesen erleben. Vielleicht haben wir im Augenblick des Todes die Gnade, einen Blick durch ein Fenster des Paradieses zu werfen …

Der Trauerprozess

Es gibt Vereine, denen wir niemals beitreten möchten, deren Mitglied wir aber trotzdem werden. Sie erlegen uns eine Art »Zwangsmitgliedschaft« auf. Nach dem Tod meines Hundes wurde ich Mitglied in einem solchen Verein und alle, die Hunde haben, finden sich eines Tages plötzlich in ihm wieder. Es ist der »Ich-habe-meinen-Hund-verloren«-Verein. Wann immer ich jemanden traf und fragte: »Wie geht es Sandy?« oder »Was macht Kora?« und die Antwort war: »Sie ist tot«, wurde mein Herz weit vor Mitgefühl und ich dachte: »Willkommen im Club.«

Ich bin keine Expertin in Sachen Trauerarbeit. Aber jeder, der durch Schmerz und Verlust geht, sammelt seine Erfahrung, wie dieser Situation am besten begegnet werden kann – und so war es auch bei mir.

Es gibt eine Geschichte über Buddha und eine Frau, deren Sohn gestorben war. Sie bat ihn, ihr zu helfen, den Schmerz zu überwinden. »Mein Sohn ist gestorben«, sagte sie. »Bitte mach ihn wieder lebendig.«

Buddha versprach, dies zu tun. Schon bei dem Gedanken, ihren Sohn bald wieder zurückzuhaben, begann der Schmerz der Frau zu verschwinden.

»Aber da gibt es etwas, was du zuerst tun musst«, sagte

Buddha. »Bring mir drei Steine. Jeder muss von einem Menschen oder einer Familie kommen, die niemals einen Verlust erlitten hat.«

Die Frau machte sich auf die Suche nach drei Menschen, die diese Voraussetzungen erfüllten und ihr einen Stein geben konnten. Es dauerte sehr lange, ehe sie zu Buddha zurückkehrte. Sie kam mit leeren Händen.

»Ich konnte niemanden finden, der mir einen Stein gab«, sagte sie.

»Was hast du daraus gelernt?« fragte Buddha.

»Ich habe gelernt, dass wir alle leiden und jemanden oder etwas verlieren, das wir lieben.«

Der Tod eines Hundes ist ein schreckliches Erlebnis, bei dem wir wenig Trost von außen erwarten können. Um ein Tier zu trauern, wird häufig noch immer nicht sozial anerkannt. Wenn wir einen Menschen verlieren, dann dürfen wir offen über einen begrenzten Zeitraum trauern. Wenn wir einen Hund verlieren, müssen wir in Stille trauern und so tun, als sei nichts geschehen. »Es ist doch nur ein Hund« ist oft die Antwort. Oder »Dann schaff dir halt wieder einen neuen an.« Meist hört man solche Sätze von Menschen, die selber keine Tiere haben. Lassen wir uns dadurch nicht beirren. Trauer ist ein Gefühl, niemand hat das Recht, darüber zu urteilen.

Die Stadien der Trauer

Die Trauer um ein geliebtes Wesen ist eine heilige Zeit in unserem Leben – und eine wichtige. Die Schweizer Ärztin Dr. Elisabeth Kübler-Ross gilt als eine Pionierin auf dem Gebiet der Sterbeforschung. Sie hat in den 1960er Jahren begonnen, die Psychologie von Menschen während eines Verlustes zu erforschen und dabei festgestellt, dass es vorhersehbare Phasen gibt, die alle Menschen, die trauern, durchlaufen. Ihr letztes Buch »Dem Leben neu vertrauen«, das sie gemeinsam mit David Kessler schrieb und das kurz vor ihrem Tod vollendet wurde, beschäftigt sich intensiv mit der Trauerarbeit. Hier nennt Kübler-Ross folgende Stadien der Trauer:

1. Das Leugnen
2. Der Zorn
3. Das Verhandeln
4. Die Depression
5. Die Zustimmung.

Diese Stadien wurden intensiv studiert, und es wurde festgestellt, dass sie bei allen Menschen, die in westlichen Kulturen aufwuchsen, gleich sind. Nach dem Verlust eines geliebten Menschen (oder Tieres) ist dieser Prozess eine normale und vorhersehbare, heilende Reaktion der Psyche und sollte auch so durchlebt werden. Man muss *durch den Schmerz hindurch*, um ihn zu überwinden. Weil aber gerade das besonders schwer ist und wir ihn nur allzu gern vermeiden wollen, ist diese Trauerarbeit schwer und langwierig und braucht sehr viel Geduld. Menschen, die eine Abkürzung durch den Schmerz suchen und mit all dem nichts zu tun haben wollen, werden langfristig größere und tiefere Probleme bekommen, die sie auf die eine oder andere Art so lange heimsuchen und irritieren, bis sie sich dem ursprünglichen Thema stellen – und sei es viele Jahre später oder nach sehr langem Leiden, weil die unverarbeiteten Erlebnisse sie über eine lange Zeit negativ beeinflusst haben.

Die Stadien der Trauer sind unterschiedlich und werden auch so empfunden. Wir durchlaufen sie nicht automatisch.

Sie können nacheinander erfolgen oder in variabler Reihenfolge, eine nach der anderen oder mehrere auf einmal. Wir werden in der einen Phase länger verharren als in der anderen. Aber sie *werden* kommen, und sie werden erst verschwinden, wenn wir sie angenommen haben und durch sie hindurch gegangen sind.

Anna (62) hatte ihren Mann nach langer Krankheit verloren. Sie war schockiert, kam aber mit ihrem Verlust erstaunlich gut zurecht. Lulu, ihre kleine Pudelhündin half ihr sehr dabei und war ein großer Trost. Im Laufe der nächsten drei Jahre übernahm Lulu mehr und mehr die Rolle des verstorbenen Ehemannes von Anna und wurde ihr ein und alles. Dann starb Lulu. Diesmal war Anna überwältigt von ihrem Schmerz und musste wegen massiver Herzprobleme ins Krankenhaus eingeliefert werden. Da intensive Trauer um den Hund bei ihrer Familie auf Unverständnis stieß, spielte Anna nach Außen die Tapfere, und schuf im Haus einen Erinnerungsschrein für Lulu, deren Bilder und Spielzeug überall verteilt waren und deren Asche auf dem Kamin stand. Erst bei einer Psychotherapie gelang es ihr, zu den tieferen Ursachen vorzudringen. Anna hatte nie einen Trauerprozess vollständig durchlaufen, weder beim Tod ihres Mannes noch bei ihrem Hund. Sie hatte darüber hinaus große Schuldgefühle, weil ihr der Tod von Lulu näher ging als der von ihrem Mann. Im Laufe der Therapie stellte sich heraus, dass Anna in jungen Jahren auch eine Fehlgeburt erlitten und dieses Kind ebenfalls nie wirklich betrauert hatte. Sie hatte also zwei Todesfälle erlebt, die sie tief getroffen hatten, aber erst der Verlust ihres Hundes legte all ihre Emotionen frei. Es dauerte lange, ehe Anna mit Hilfe ihres Therapeuten in der Lage war, alle unterdrückten Gefühle zu verarbeiten. Heute hat sie zwei Katzen.

Trauer ist nichts Unnatürliches, sondern eine ganz normale Reaktion auf einen überwältigenden Verlust, auch wenn es »nur ein Hund« ist, wie uns viele Menschen verständnislos trösten wollen. Unsere Hunde werden im Laufe unseres Lebens zu einem Teil von uns. Wenn sie sterben, ist dieser Teil des Lebens vorbei. Vermutlich werden wir in unserem Leben mehr Hunde verlieren als Ehemänner oder Kinder, deshalb müssen wir mit ihnen viel öfter durch die Phasen der Trauer gehen. Und mit jeder neuen Überwältigung und Verarbeitung der Trauer werden wir älter und weiser und können auf noch mehr Erinnerungen zurückblicken. Schmerz und Erfahrung sind fundamental für das persönliche Wachstum eines Menschen.

Verlust bedeutet nicht, dass wir etwas verlieren, traurig sind und dann wieder zum vorherigen Status Quo zurückkehren. Wir werden vielleicht nie wieder dieselben sein, und so ist Trauern keine verlorene Zeit. Es geht viel mehr mit uns vor als nur die Trauer, die wir sehen und fühlen. Das Leben transformiert, verändert uns – unter, während, durch und wegen des Schmerzes. Die Erfahrungen, durch die wir am wenigsten gehen wollen, sind oft die, die uns am meisten verändern. Aber wir können dem Lauf der Dinge vertrauen. Wenn der Schmerz uns zerreißt, sind wir Wachs in den Händen des Lebens. Wir werden durch die Liebe verändert.

Der Schock, die Verleugnung, der Unglaube

Die erste Reaktion auf den Tod eines Tieres ist der Unglaube. Wir wollen nicht wahrhaben, dass dieses Tier stirbt oder gestorben ist und uns für immer verlassen wird. Wir stehen wie unter Schock oder bewegen uns in Trance. »Sie müssen sich irren.« ist eine der ersten Reaktionen, die wir unserem Tierarzt entgegnen. »Ist sie (oder er) wirklich tot?« fragen wir immer wieder, wenn wir vom plötzlichen Tod unseres Hundes erfahren haben. In extremen Situation wird uns die Lage überhaupt nicht bewusst und wir erinnern uns später manchmal gar nicht mehr an sie. Es gibt Ähnlichkeiten zwischen starkem Schock und Amnesie. Wir fühlen nichts mehr, es existiert eine Art Taubheit. Auf diese Weise schützt sich der Geist des Menschen.

Bisher weigern wir uns noch zu glauben, was wir erlebt oder erfahren haben. Wir hatten noch nicht ausreichend Zeit, die Realität zu begreifen und zu akzeptieren. Verdrängung ist die Modifizierung von Unglaube. Sie basiert auf Phantasie und der verzweifelten Hoffnung, dass sich unsere Wünsche erfüllen.

Wenn der Verlust plötzlich eintritt, etwa durch einen Unfall, verdrängen wir die Realität. Wir hoffen, dass alles nur ein böser Traum war und unser Hund gleich um die Ecke kommt und uns freudig begrüßt. Der Schock schützt uns vor der Realität des Unerwarteten und des damit verbundenen Schmerzes. Sogar ein Tod, der sich ankündigt, repräsentiert ein plötzliches Ende. Er beendet eine lange Freundschaft, und kündigt eine Veränderung an, die nur schwer zu akzeptieren ist. Wir ziehen uns zurück, fühlen uns apathisch und depressiv, oder wir sind ruhelos. Es ist, als ob wir einen bösen Traum haben, aus dem wir hoffen, bald zu erwachen.

Woran unser Hund auch immer gestorben ist, dieses gesamte erste Stadium hat etwas Irreales an sich. Aber es hilft uns auch, den Verlust zu »überleben« und unsere Gefühle zu sortieren. Meist ist diese Phase nur kurz und glücklicherweise schnell vorbei.

Das Verhandeln

Gelegentlich gibt es auch eine Art »verzögertes Leugnen« der Realität. Dieser Zustand kommt spät, oft lange nachdem das Tier beerdigt ist. Er scheint sich am ehesten einzuschleichen, wenn wir alleine sind und uns einsam und hilflos fühlen. Die Gegenwart unseres Tieres ist immer noch sehr stark, und unbewusst erwarten wir, dass es uns an der Haustür begrüßt, wenn wir von der Arbeit nach Hause kommen. Das Haus ist so leer, nichts scheint mehr real. In dieser Phase sind leichte Halluzinationen nicht ungewöhnlich. Wir hören die Schritte unseres Hundes, riechen ihn. Während intensiver Trauer ist Logik das Letzte, was unsere Gefühle und unser Denken beeinflusst. Wir würden alles geben, um diesen intensiven Schmerz zu beenden. Warum also nicht wieder beten? Wenn Gott sieht, wie ernst es uns ist, vielleicht könnte er dann ein kleines Wunder bewirken? Wunder gibt es. Das haben wir gelernt. Überall auf der Welt ist das Unmögliche möglich geworden. Warum nicht auch bei uns, in unserem Schmerz? Und so stürzen wir uns auf den kleinsten Hoffnungsschimmer und in die Phantasie. Insbesondere dann, wenn der Mensch den Tod oder den Verlust seines Hundes nicht wirklich miterleben konnte, zum Beispiel wenn er plötzlich verschwunden und nicht mehr zu finden ist. Immer wieder hört man, dass Tiere noch nach Jahren wieder aufgetaucht sind. Warum nicht auch dieser Hund?

Selbst wenn wir unseren Vierbeiner beim Tierarzt einschläfern lassen mussten, haben wir manchmal die irrsinnige Hoffnung, dass er auf wundersame Weise wieder lebt und gesund ist. Also verhandeln wir: »Bitte Gott, wenn Bello wieder gesund wird, wenn er heil nach Hause zurück kommt, dann kümmere ich mich ganz bestimmt mehr um ihn, gehe ich mehr mit ihm spazieren …«

Verdrängen und Leugnen kommt in dieser Zeit in vielen Erscheinungsformen. Wie gehen wir am besten damit um? Wir sollten alle diese Gefühle einfach akzeptieren, bis wir bereit sind, die Realität zu sehen und bis dahin müssen wir tolerant und geduldig mit uns selbst sein. Dann wird der Prozess des Leugnens langsam weniger, bis wir ein weiteres Stadium der Trauer erreichen.

Die Reaktion, aufbrechende Gefühle

In dieser Phase haben wir die Hoffnung aufgegeben. Wir spüren den vollen Schmerz und die ganze Verzweiflung. Jetzt setzt die Realität ein und wir erkennen, dass wir keine Herrscher über Leben und Tod sind. Gleichzeitig merken wir, dass wir tief in uns sehr viel mehr über den Tod wissen, als wir gedacht haben, und das macht vielen von uns große Angst.

Der Zorn

Wenn wir beginnen, die Realität zu sehen, bricht eine Welle von Emotionen los. Weinen und Wut sind normal. Sie sind eine Reaktion auf das überwältigende Gefühl von Frustration und Empörung. Und so kommt es vor, dass wir unsere Wut an allem und jedem auslassen.

In dieser Phase müssen wir Geduld mit uns haben. Wir sind nicht verrückt oder übersensibel und wir haben auch keine falschen Prioritäten. Wir sind aus einem Stadium der totalen Kontrolle und Fürsorge für das Leben unseres Hundes plötzlich in einen Zustand zurückgeworfen worden, in dem wir völlig hilflos und verzweifelt sind. Wir fühlen, dass dieser Tod nicht hätte geschehen dürfen und dass Gott, das Schicksal oder was auch immer uns verlassen hat. Wir sind absolut und völlig hilflos. Dieser Zustand ist das totale Gegenteil zur Freiheit, die wir hatten, als wir noch alle Entscheidungen für unseren Hund treffen konnten. Diese Freiheit wurde uns mit einem Schlag genommen, jetzt sind wir von einem Moment auf den anderen hilflos und nutzlos, und diese Frustration ist kaum zu ertragen. Zorn ist jetzt eine völlig *normale* Reaktion. Die meisten von uns jedoch haben Probleme, ihre Wut auszudrücken, weil sie es nicht gewohnt sind und es sozial nicht akzeptiert ist.

Jeder, der auch nur im entferntesten am Tod des Hundes beteiligt ist, kann nun zum Sündenbock und Ziel für unsere Wut werden. Der Tierarzt, der dem Ganzen noch am nächsten ist, kann unser erstes Opfer sein. Er kann völlig unschuldig am Geschehen sein, aber wir sehen jetzt nichts mehr realistisch und wollen unseren Zorn auf jeden abladen. Wir ärgern uns nicht nur über andere, sondern auch über uns selbst. Wir sind wütend, weil wir das eine oder andere getan oder auch nicht getan haben.

Manchmal sind wir sehr böse mit Gott. Warum musste ein Tier sterben, das nichts als reine, bedingungslose Liebe war, während überall auf der Welt Mörder frei herum laufen?

Wir sind sogar wütend auf unseren Hund. »Warum musste er auf die Straße rennen, obwohl er bei Fuß gehen sollte?« oder »Warum lässt er mich jetzt allein? Er hätte doch noch eine Weile kämpfen können.«

Eine Freundin von mir war nach dem Tod ihres Hundes ganz plötzlich und irrational wütend auf die beiden anderen Hunde, die sie noch hatte: »Warum seid ihr noch am Leben und mein Liebling ist tot?« Erst als ihr bewusst wurde, dass sie die beiden schlecht behandelte und ihnen unrecht tat, merkte sie, dass sie die besten Freunde, die ihr in ihrer Trauer helfen wollten, zurückgestoßen hatte.

Wenn das Leben eines geliebten Tieres plötzlich endet, können wir kurzzeitig unsere Perspektive dafür verlieren, was richtig und was falsch ist. Menschen oder Situationen, die auch nur im entferntesten verantwortlich gemacht werden könnten, werden verdammt. Jede noch so winzige Mücke kann zum riesigen Elefanten werden. Ein Ereignis, das wir normalerweise übersehen würden, wird in diesem Trauerstadium aufgebauscht und übertrieben.

Zorn drückt sich aber auch anders aus. Er kann sich auch nach innen richten, und so gehört es zu einer ganz normalen menschlichen Reaktion, dass wir uns selbst für unser vermeintliches »Versagen« die Schuld geben. Wir können sogar wütend darüber werden, dass wir noch leben, während unser Hund sterben musste – und das kann zu Depressionen führen. Jetzt brauchen wir liebevolle Zuwendung. Aber gerade in diesem Trauerzustand können wir diese am wenigsten von unseren Mitmenschen erwarten.

Manchmal sind wir so wütend auf uns selbst, dass wir soziale Situationen schaffen, die von anderen nicht mehr toleriert werden können. Mit selbstzerstörerischen Reaktionen bestrafen wir uns selbst, indem wir unnötigerweise Brücken hinter uns abreißen. Schon um unserer selbst willen müssen wir einen derartigen Zorn unter Kontrolle bekommen.

Ohne Zweifel sind wir verletzt und unser schrecklicher Schmerz hätte gerade von den Menschen, die uns gut kennen, besser verstanden werden sollen. Aber Fakt ist, dass es immer auch die Unsensiblen geben wird. Einige von ihnen haben sicher auch schon Verluste erlebt und konnten mit ihnen nicht umgehen. Unser Schmerz wirft sie wieder in die Erinnerung zurück. Vielleicht wissen sie auch einfach nur nicht, wie sie jetzt mit uns umgehen und uns trösten sollen. Wir wissen nicht, warum sie so reagieren. Wie lange wollen wir weiterhin unsere Wut auf sie abladen? Wann werden wir bereit (und gewillt) sein, zu vergeben?

Ich musste meinen ersten Hund in einer sehr schwierigen familiären Situation einschläfern lassen. Ich stand kurz vor der Scheidung und wusste nicht, wo ich hin sollte. Bei der tödlichen Krankheit meines Tieres hatte ich keine Unterstützung von meinem Mann, der ungehalten war, weil ich so ein »Theater wegen eines Hundes« machte. Während der Sterbebegleitung des Hundes hatte ich all meine Kraft gebraucht und sämtliche Emotionen unterdrückt. Nach seinem Tod brach all meine Wut aus mir heraus. Ich fühlte mich im Stich gelassen und beschuldigte alles und jeden. Den Tierarzt, der meinem Hund nicht helfen konnte, meinen Mann, der mich allein gelassen hatte, den Rest der Welt, dem all dieses Leid völlig egal war.

Diese hoch emotionale Phase dauerte mehrere Wochen an. Wenn ich alleine war, schrie ich meinen Schmerz und meine Wut heraus. Nur ganz langsam verebbten diese Gefühle. Ich lernte, zu akzeptieren, dass mein Mann nicht der Mann war, den ich mir vorgestellt hatte, und der in schwierigen Situationen nicht für mich da sein konnte. Schließlich zog ich einen endgültigen Schlussstrich unter unsere Ehe, diesmal aber nicht in der ersten Phase der Wut reagierend, sondern sorgfältig überlegend und unabhängig von dem tatsächlichen Trauerprozess.

Zorn ist gesellschaftlich nicht akzeptabel. Viele Menschen sind in Familien aufgewachsen, in denen es verpönt war, Wut zu zeigen. Statt also mit ihr umzugehen, verdrängen wir sie. Zorn ist gut. Er motiviert uns zum Handeln und hilft uns, die Umwelt besser in den Griff zu bekommen. So lange er nicht unangemessen oder gewalttätig ist, kann Wut eine hilfreiche und gesunde Reaktion sein. Wir können sie herauslassen, indem wir zum Beispiel mit der Faust ins Kissen schlagen, oder hinaus in ein Gewitter gehen und den Donner anbrüllen.

Zorn ist einfach da. Er ist ein Gefühl, das man erleben, aber nicht beurteilen soll. Und wie all unsere Gefühle will auch der Zorn uns etwas sagen. Er ist auch ein Zeichen unserer tiefen Liebe zum verstorbenen Tier und zeigt uns, dass wir Fortschritte machen, weil wir jetzt Gefühle zulassen, die wir vorher verdrängt haben. Zorn geht oft mit Schuldgefühlen einher. Eine ehemalige Kollegin von mir kaufte sich bei einem Züchter ihren ersten Hund, einen braunen Labrador Welpen. Sie taufte ihn Chilli. Die ganze Familie bereitete sich freudig auf die Ankunft des kleinen Vierbeiners vor. Ich empfahl der frisch gebackenen Hundehalterin einen Welpenspielkurs, den ich selbst mit meinem Hund besucht hatte und von dem ich wusste, dass die kleine Chilli dort gut aufgehoben war. Als sie im Alter von acht Wochen zu meiner Kollegin kam, bemühte sich diese, alles richtig zu machen. Sie folgte den Expertenratschlägen zahlreicher Bücher und besuchte die von mir empfohlene Spielgruppe. Auch wenn ihr das alles neu war und sie Chilli am liebsten immer auf dem Arm gehalten hätte, so sah sie doch, dass die Kleine großen Spaß in der Gruppe hatte. Nach der zweiten Welpenstunde ließ meine Kollegin den Hund bei ihren Eltern, weil sie noch ein paar Stunden arbeiten musste. Ihr Vater war mit dem Welpen im Garten, während er die Hecke schnitt. Chilli tobte quietschvergnügt herum. Wenige Stunden später erbrach sich die Kleine und hatte Durchfall. Der Tierarzt konnte nichts feststellen und gab ihr Antibiotika. Im Laufe der Nacht ging es Chilli zusehends schlechter. Sie hörte nicht auf, sich zu übergeben. Als sie dann am Morgen in die Tierklinik gebracht wurde, war sie nach einer Stunde tot.

Meine Kollegin machte sich schreckliche Vorwürfe. Sie war der festen Überzeugung, dass sich die Kleine bei den anderen Welpen in der Spielgruppe einen tödlichen Virus geholt hatte. Hätte sie sie doch nicht dorthin gebracht. Wäre sie gleich in die Tierklinik gefahren statt noch eine Nacht zu warten. Hätte sie sie nicht bei den Eltern gelassen, sondern bei sich behalten. Sie war wütend – auf mich, weil ich ihr den Tipp mit der Spielgruppe gegeben hatte und auch auf sich selbst, weil sie auf mich gehört hatte. Und ich empfand entgegen jede Vernunft Schuldgefühle, weil ich ihr die Welpengruppe empfohlen hatte, auch wenn die Todesursache des Hundes immer ungeklärt blieb.

Manchmal geschehen Dinge, an denen niemand die Schuld trägt. Aber wenn so wie hier die ganze Hoffnung auf ein langes Leben mit einem vierbeinigen Gefährten schon in den ersten Wochen zunichte gemacht wird, geht es nicht um rationales Denken, sondern im höchsten Maße um tiefe Gefühle.

Die Schuld

Schuldgefühle sind eine normale Reaktion auf fehlgeschlagene Verpflichtungen oder Aufgaben und interessanterweise ist Schuld ein Gefühl, dass wir bei Tieren nicht beobachten können.

Frauchen kommt von der Arbeit nach Hause und Bello hat die Couch in handliche Stücke zerlegt. Nun liegt er mit eingeklemmtem Schwanz in der Ecke und »erwartet« sein Donnerwetter. »Der fühlt sich schuldig«, meint Frauchen. Bello jedoch, der ein Meister im Lesen der Körpersprache ist, erkennt anhand ihrer Reaktion, dass hier irgend etwas schief gelaufen und Frauchen sehr wütend ist. Er hat dabei aber keine Ahnung, worum es geht, denn Schuld ist eine menschliche »Erfindung«.

Wenn wir die Verantwortung für ein Tier übernehmen, dann versprechen wir, immer für es da zu sein und für es zu sorgen. Der Tod ist in diesem Schema nicht eingeplant. Wenn er dann doch kommt, erfasst uns ein Gefühl des völligen Versagens. Wir hatten eine gottähnliche Rolle für unseren Hund übernommen, und konnten sie nicht erfüllen. Selbst all unsere Liebe konnte nicht das Universum kontrollieren.

Wir zermartern unseren Kopf und unser Herz, was »hätte sein« können, »wenn wir nur« irgend etwas anders gemacht hätten.

Sally war eine alte und stocktaube Retrieverhündin. Sie war der Liebling der ganzen Familie und genoss nun auf dem heimischen Bauernhof ihren Lebensabend, meist in der Sonne schlafend. Eines Tages wurde sie von ihrem Herrchen Karl, dem Bauern, mit dem Traktor überfahren. Sie hatte sich an einer unübersichtlichen Stelle hinter die Reifen gelegt und es nicht gehört, als die Maschine angelassen wurde. Karl war untröstlich. »Wenn ich doch nur abgestiegen wäre und noch einmal nachgeschaut hätte.«

Christas Hund Sandy lief immer ohne Leine brav neben ihr, auch durch die Stadt. »Die hört«, war Christas feste Überzeugung. Eines Tages lief eine Katze kurz vor Sandy über die Straße und die Hündin vergas für einen kurzen Augenblick ihren perfekten Gehorsam. Sie starb unter einem Auto. »Hätte ich sie doch bloß an die Leine genommen«, quälte sich ihr Frauchen.

Dinge geschehen. Wir sind nur Menschen und keine Götter. Wir haben nicht alles unter Kontrolle und müssen akzeptieren, dass wir auch Fehler machen.

Besonders schwer wiegt unsere Schuld nachdem wir ein Tier haben einschläfern lassen müssen. Hätten wir nicht noch warten können? Oder waren wir schon zu spät dran, hat unser Hund schon zu lange gelitten?

Die Schuldgefühle nach dem Tod meines ersten Hundes haben nie aufgehört. Sie sind milder geworden, aber manchmal steigen sie wieder mit voller Wucht auf. Weil ich in einer unglücklichen, abhängigen Beziehung lebte und große Probleme mit mir selbst hatte, behandelte ich ihn oft schlecht. Ich konnte mich kaum um mich selbst kümmern, geschweige denn um meinen Hund. Erst ganz allmählich wurde meine Situation besser und ich konnte mich auch wieder um mein Tier kümmern, das in der ganzen schwierigen Zeit liebevoll an meiner Seite war. In seinen letzten Jahren habe ich versucht, alles wieder gut zu machen. Als er im Sterben lag und ich ihn schließlich zum Tierarzt zum letzten Gang bringen musste, habe ich ihn unzählige Male um Verzeihung gebeten für das, was ich getan und für das, was ich nicht getan hatte. Ich wusste, dass mein Hund mir schon längst vergeben hatte, aber es dauerte sehr viel länger, bis ich mir selbst vergeben konnte.

Schuldgefühle. Sie sind da. Oft zu unrecht und manchmal auch zu recht. Aber wie lange wollen wir sie pflegen und hegen? Irgendwann einmal müssen wir tief in uns gehen und anfangen, uns zu lieben. Wir müssen uns selbst vergeben und unsere Schuld mildern. Die Erinnerung an das was geschehen ist, wird uns immer begleiten, aber auch die Liebe und die wunderbaren Erlebnisse, die wir mit unserem Vierbeiner hatten. Wenn unser Hund über uns richten müsste, dann hätte er uns wahrscheinlich längst vergeben.

Elisabeth Kübler-Ross sieht eine enge Verbindung zwischen Schuldgefühlen und Zeit: »Da Schuldgefühle immer aus der Vergangenheit kommen, halten sie das Vergangene am Leben. Schuldgefühle sind eine Art, sich vor der Wirklichkeit der Gegenwart zu drücken. Sie schleppen die Vergangenheit in die Zukunft. Nur wenn wir unsere Schuld loslassen, lassen wir auch wahrhaft unsere Vergangenheit los, um eine neue Zukunft zu starten.« (Geborgen im Leben)

»Schuld ist eine Gabe, die immer weiter gibt«, hat einmal jemand gesagt. Sie scheint ewig zu dauern. Sogar, wenn wir anfangen, wieder Freude zu empfinden, zerstören wir dieses positive Gefühl, indem wir glauben, wir verdienten kein Glück mehr. Wir brauchen Mut, um uns selbst zu verzeihen.

Unsere Hunde haben uns geliebt, trotz aller Fehler, die wir haben. Sie haben das Gute in uns gesehen. Jetzt ist der Augenblick, in dem wir dieses Gute in uns selbst wieder suchen und finden müssen. Seien wir also wieder der wunderbare Mensch, den unser Tier in uns sah.

Die Depression

Jede drastische Veränderung in unserem persönlichen Leben verursacht Stress. Die Psychologen Thomas Holmes und R. H. Rahe entwickelten bereits 1967 eine »Social Readjustment Scale« zur Bewertung des Schweregrades von Stress. Danach rangiert der Tod des Ehepartners an der Spitze der Skala mit einem Wert von 100 Punkten, gefolgt von dem Verlust anderer wichtiger Beziehungen wie Scheidung (73 Punkte), örtliche Trennung in der Ehe (65 Punkte), Gefängnisstrafe (63 Punkte) und Tod eines Familienmitgliedes (63 Punkte). Menschen, die auf dieser Skala innerhalb von 12 Monaten mehr als 300 Punkte ansammeln, haben eine 80-prozentige Chance, schwer krank zu werden, und selbst bei einer Skala von »nur« über 150 Punkten besteht eine große Wahrscheinlichkeit, dass dies geschieht. Holmes und Rahe haben bei der Entwicklung ihrer Skala nicht an den Tod eines Haustieres gedacht. Für viele Menschen jedoch entspricht dessen Tod dem eines Familienmitgliedes – oder Schlimmeren.

Meine Freundin Alex hatte seit vielen Jahren ihre Krebskrankheit unter Kontrolle und galt als geheilt. Während wir beide auf einer Wildnistour in Alaska waren, rief sie regelmäßig Zuhause an, um zu hören, wie es ihrem alten Malamute ging, der bei ihrem Abflug leicht gekränkelt hatte. Bei einem dieser Anrufe erfuhr sie von ihrem Mann, dass der Hund gestorben war. Alex brach zusammen und machte sich große Vorwürfe, in Urlaub geflogen zu sein. Von ihren drei Hunden war der Malamute ihr Lieblingstier gewesen, das sie schon als Welpe bekommen hatte. Wenige Monate nach unserer Rückkehr war ihr Krebs wieder da. Als ich wenige Wochen vor ihrem Tod das letzte Mal mit Alex sprach, lächelte sie und sagte, sie freue sich darauf, jetzt bald wieder mit ihrem Hund zusammenzusein.

Wie jeder andere, der ein traumatisches Erlebnis durchlebt hat, so haben auch Menschen, deren Haustier gestorben ist, ein höheres Risiko, zu erkranken. 90 % aller Hundebesitzer entwickeln nach dem Tod ihres Tieres Schlaf- oder Essprobleme (beides Symptome einer klinischen Depression). Sie ziehen sich zurück und meiden soziale Aktivitäten. Verheiratete Paare trennen sich eher nach dem Tod eines Tieres. Alle diese Symptome zeigen, dass der Verlust eines Tieres ernst zu nehmen ist und die Gesundheit, Ehe oder den Beruf beeinträchtigen kann.

In dieser Phase scheint unsere emotionale Kraft völlig zu schwinden. Alles, was uns jetzt noch zu interessieren scheint, ist der Tod unseres Hundes und unser eigenes Elend. Ein Gefühl von Taubheit überkommt uns. Das Leben ist zu überwältigend und einfach nur sehr traurig. In diesem Stadium wollen wir uns von der Welt zurückziehen und leiden. Unser Selbstwertgefühl ist auf dem Tiefstpunkt und uns kümmert nichts mehr. Wenn jetzt eine schöne Fee mit einem Zauberstab käme und uns mit einem Schlag wieder fröhlich machen könnte, dann würden wir dieses Angebot ablehnen, denn wir *wollen* uns nicht besser fühlen. Wir wissen, dass wir nie wieder fröhlich sein werden und stoßen sogar gute Freunde zurück, die uns helfen wollen. Die Trauer über den Verlust unseres Hundes ist jetzt so persönlich, dass wir sie mit niemandem teilen möchten. Unsere Seele zieht sich in eine Selbstschutzkammer zurück.

Depressionen müssen akzeptiert und ausgehalten werden. Wenn sich das Leben ändert, müssen wir bereit sein, uns für eine Weile nicht mehr wie wir selbst zu fühlen.

Die meisten von uns gehen relativ schnell durch dieses Stadium. Interessanterweise ist Depression während der Trauer ein gutes Stadium, denn sie verwischt die Intensität der Emotionen und gibt uns Zeit, mit der neuen Realität zu leben. Sie ist Teil eines natürlichen Heilungsprozesses. Durch sie schöpfen wir wieder neue innere Kraft.

Wenn die Depression vorbei ist, nähern wir uns dem letzten Teil des Trauerprozesses. Das Schlimmste ist vorbei. Zum ersten Mal seit dem Tod unseres vierbeinigen Freundes können wir ein Ende des Schmerzes in Erwägung ziehen und einen kleinen Lichtschein am Ende des Tunnels sehen.

Akzeptanz und Neuorientierung

Lady war schon ein paar Wochen tot. Manchmal schien der Schmerz zu verebben, war der Alltag gegenwärtig. Dann kam ein Augenblick wie dieser: Ich fuhr in die Stadt, um noch ein paar Einkäufe zu erledigen und sah auf der Straße ein totes Eichhörnchen liegen. Die Autos fuhren nur um es herum, niemand kümmerte sich. Ich hielt an, nahm das Tierchen auf und trug es unter einen Baum. Sein Körper war noch warm und weich, aus seiner Nase floss ein wenig hellrotes Blut. Vermutlich war es eben erst überfahren worden. Ich legte es sanft auf ein Bett aus Blättern, deckte es mit weiteren Blättern zu und schickte es mit einem kleinen Gebet in den Eichhörnchenhimmel. Als ich zu meinem Auto ging, musste ich an meine Lady denken, deren Leidenschaft es war, schimpfende Eichhörnchen die Bäume hochzujagen. Ich fragte mich, ob sie das jetzt auch tun würde – wo immer sie auch war. Auf dem Weg nach Hause fuhr ich an unserer Lieblingswiese vorbei, wo wir besonders in den letzten beiden Jahren, als sie nicht mehr so weit laufen konnte, kürzere Spaziergänge gemacht hatten. Ich hielt an und fühlte noch die Wärme des kleinen Körpers des Eichhörnchens, während ich mich an die Wärme von Ladys leblosem Körper erinnerte und an die Zeit, in der sie – schon etwas steifer in den Beinen – immer noch über die Wiese rannte und mit der Nase ausgiebig die neuen Gerüche untersuchte. Die Welle des Schmerzes traf mich wie ein Faustschlag in die Magengrube. Ich konnte nicht mehr aufhören zu weinen und fühlte

mich entsetzlich einsam. Es dauerte lange, bis der Schmerz verebbte und die guten und schönen Erinnerungen wieder Oberhand gewannen.

Akzeptanz bedeutet nicht, dass man die gesamte Situation auf einmal akzeptieren muss. Wir müssen nur akzeptieren, was jetzt passiert und wie wir uns im Moment fühlen. Unsere Gefühle werden verrückt spielen. In einem Moment sind wir wütend und ängstlich, dann wieder distanziert, und im nächsten Augenblick sitzen wir laut schluchzend auf dem Boden. Dann fühlen wir noch etwas: Wenn wir nach vorne schauen, geraten wir in Panik. Wie sollen wir ohne unser Tier jemals wieder fröhlich sein?

Irgendwann sind wir zu erschöpft vom ständigen Trauern, vom Kämpfen, vom Versuch, etwas ändern zu wollen, was wir nicht ändern können. Wir geben auf und lassen los. Jetzt kann der Prozess der Heilung beginnen. Wir bekommen Trost geschenkt – heute und jetzt. Wichtige Veränderungen werden geschehen, aber nicht immer, indem wir etwas *tun*, sondern oft, indem wir uns nur des Augenblicks bewusst werden. Dann wird uns der natürliche Lauf des Lebens verändern und den Schmerz nehmen.

Ganz langsam beginnen wir wieder, uns nach außen zu orientieren. Wir können uns wieder zeitweise konzentrieren und auch an etwas anderes denken. Der Schmerz ist nicht mehr ganz so intensiv, obgleich die Stimmungsschwankungen bleiben. Wir schlafen manchmal ganze Nächte durch und haben wieder Appetit. Unser Körper findet sein Gleichgewicht wieder. Das geht nicht von heute auf morgen und wir pendeln zwischen den Phasen der Depression und der Neuorientierung. Wir gehen gelegentlich aus, und brechen in Tränen aus, wenn wir den Nachbarshund sehen. Wir lachen herzlich, und erschrecken uns über diesen ungewohnten Klang.

Als ich nach einer langen Phase der Traurigkeit zum ersten Mal wieder zu einer Melodie im Radio summte, wusste ich zunächst überhaupt nicht, woher die Stimme kam. Dann war ich unsicher, ob ich überhaupt wieder singen durfte.

Nach dem Tod meines ersten Hundes stürzte ich mich in die Arbeit und beschloss, keinen Hund mehr haben zu wollen. Es schmerzte zu sehr, etwas oder jemanden, den man liebte, zu verlieren. Ich nutzte die hundelose Zeit, um für längere Zeit in die USA zu gehen und dort in einem Wolfspark ein Ethologie-Praktikum zu beginnen. Die Gegenwart der Wölfe war sehr heilend und lehrreich für mich. Sie zeigten mir, dass das Leben weiter geht. Wenige Monate später wusste ich plötzlich: Jetzt bin ich wieder bereit für einen neuen Hund. Ich kann wieder lieben, ohne gleich an den Schmerz zu denken.

Es gibt für alles eine Zeit – das weiß schon die Bibel zu berichten. Eine Zeit zu weinen und eine Zeit zu lachen, eine Zeit festzuhalten und eine Zeit loszulassen. Diese letzte Phase der Trauer ist eine Zeit des inneren Wachstums und der Heilung. Es ist eine Zeit, in der wir den Schmerz loslassen können, ohne dass die Erinnerung verblasst. Es ist die Zeit, Wunden zu kitten, auch wenn Narben bleiben werden.

Wir haben Angst, loszulassen, weil wir dann fürchten, dass wir unser Tier vergessen. Wie macht man das – loslassen? Elisabeth Kübler-Ross beschreibt es wie beim Tauziehen: »Man lässt einfach los.« (Geborgen im Leben) Aber loslassen bedeutet nicht verlieren. Es heißt, locker lassen. Ich kann aufhören, zu kämpfen, alles verändern und kontrollieren zu wollen. Ich muss akzeptieren, was nicht zu ändern ist.

Wir werden weiter gehen und wir werden wieder lieben, aber wir werden unseren Verlust immer in unserem Herzen halten. Wir alle müssen sterben, keiner entkommt dem Tod.

Der Tod ist nicht unser Feind, sondern ein Freund, den wir alle eines Tages willkommen heißen werden. Unsere westlichen Zivilisationen haben ihn tabuisiert, bei den meisten Naturvölkern ist der Tod ein ganz natürlicher Bestandteil ihres Lebens. Wenn wir in ihm nur etwas Tragisches und Trauriges sehen, mindern wir dadurch den Wert des Lebens. Alles in der Natur hat einen Anfang und ein Ende und wir sind ein Teil dieser Natur.

Es heißt immer, dass die Zeit alle Wunden heilt. Dies stimmt nicht ganz, denn es wird Wunden geben, die werden immer weh tun. Wir müssen lernen, mit diesen Wunden zu leben und daraus wunderschöne Erinnerungen zu machen. So können wir unsere verstorbenen Vierbeiner am besten ehren. Im Laufe der Zeit lieben wir sie nicht weniger, aber wir werden immer weniger vom Tod überwältigt werden. Wir lernen, den Schmerz – aber nicht die Erinnerungen – loszulassen. Dieser Prozess ist notwendig und wichtig. Er wird uns verändern. Das Leben mit unserem Hund hat uns beschenkt und reich gemacht. Jetzt müssen wir sein Leben ehren, indem wir unser Leben zum vollsten leben und ein besserer Mensch werden.

Wenn wir empfinden, dass wir einen großen Verlust erleiden, dann geschieht das, weil wir vom Leben so reich gesegnet sind. Und dafür sollten wir dankbar sein.

Letzte Arrangements und Rituale

Tierbeerdigungen sind nicht neu. Seit etwa 7000 Jahren bestatten Menschen ihre vierbeinigen Wegbegleiter. Die ersten waren die Sumerer, die Hunde als Haustiere hielten. Ihre Blütezeit erlebte die Tierbestattung im Alten Ägypten. Dort wurden zahlreiche Tiere, die als heilig galten, aufwendig einbalsamiert und rituell begraben. Hierzu zählten insbesondere Katzen, Krokodile und Falken. Aber auch Hunde wurden verehrt, mumifiziert und in eigenen Friedhöfen bestattet. Anubis, der Totengott mit der Gestalt eines Schakals – als Urform des domestizierten Hundes auf einer Truhe liegend – wurde als Wächter vor der Grabkammer des ägyptischen Pharaos Tutanchamun vorgefunden. Anubis war im Glauben der Ägypter der Begleiter des Menschen auf dem Weg zum Totenreich. Eine weitere Blüte erlebten Tierbestattungen im frühen Mittelalter, zum Beispiel bei den Alemannen, Franken und Sachsen, bei denen wohlhabende Verstorbene zusammen mit ihren Pferden und Hunden beigesetzt wurden.

Auch heute gibt es wieder Tierfriedhöfe, fast alle Großstädte verfügen über einen. Einer der berühmtesten befindet sich in Asnières sur Seine südlich von Paris. Bereits 1889 wurde hier der erste Grabstein aufgestellt. Seit seiner Gründung wurden etwa 100 000 Tiere beerdigt. Neben Hunden liegen dort auch andere Tiere wie Katzen, Pferde, Affen, ein Huhn und eine Zirkus-Löwin. Auch der berühmte Hollywood-Filmhund »Rin Tin Tin« ist hier begraben, ebenso wie der Bernhardiner Barry, der einst 41 Menschen das Leben rettete, bevor er selbst im Schnee starb.

Wir lieben unsere Tiere heiß und innig und geben ihnen alles, wovon wir glauben, dass sie es sich wünschen. Die Deutschen geben für ihre 5,5 Millionen Hunde jährlich über eine Milliarde Euro aus, bei stetig steigendem Umsatz. Auch für Tierbeerdigungen wird immer mehr ausgegeben. Gehen wir auf einen Tierfriedhof , sehen wir, dass die Liebe zu unseren Haustieren nicht mit dem Tod endet.

Eine Beerdigung zu arrangieren oder nach einem Krematorium zu suchen, nachdem der Hund gestorben ist, ist eine der schwierigsten Aufgaben – und kann auch eine der teuersten werden, wenn wir alles schnell hinter uns bringen wollen und uns nicht die Zeit nehmen, Vergleiche zu ziehen. Es ist daher besser, sich schon lange vor dem Tod eines Tieres zu informieren. Im Anhang finden Sie Adressen zu Tierfriedhöfen und Tierkrematorien.

Als ich merkte, dass es meiner Hündin schlechter ging und auch ihr hohes Alter darauf schließen ließ, dass sie nicht mehr allzu lange bei mir bleiben würde, überlegte ich mir, was ich einmal mit ihrem Körper tun wollte. Ich hatte schon einmal einen Hund beim Tierarzt lassen müssen, diese Option kam für mich diesmal nicht mehr in Frage. Ich stand also vor der Wahl, sie im Garten meines Hauses zu beerdigen oder sie einäschern zu lassen. Also ließ ich mir Unterlagen von Tierkrematorien schicken und zog diese

Möglichkeit ernsthaft in Erwägung. Ich plante, die Urne mit ihrer Asche mit nach Hause zu nehmen. Falls ich also einmal wegziehen würde, könnte ich sie so immer mitnehmen.

Schließlich aber entschloss ich mich zu einer Beerdigung im eigenen Garten, wohl wissend, dass ich dann, sollte ich einmal mein Haus verkaufen müssen, den neuen Eigentümern ein Skelett im Garten hinterlassen würde.

Ich wollte Lady mit einbeziehen und ließ sie ihren Lieblingsplatz aussuchen. An einem schönen, sonnigen Sommertag ging ich mit ihr in den Garten. Es hatte vorher geregnet und die Erde war weich. Lady legte sich in die Sonne und sah mir zu, wie ich ihr Grab aushob. Ich wusste, dass ich nach ihrem Tod nicht dazu in der Lage sein würde und vielleicht wäre es Winter und die Erde so fest gefroren, dass ich nicht graben konnte. Also wollte ich vorbereitet sein. Das Grab deckte ich mit Brettern ab und häufelte Erde darauf, die ich mit schönen Steinen schmückte. Jetzt war ich bereit.

Es mag herzlos klingen, vor dem Tod eines Hundes sein Grab zu schaufeln und ich gebe zu, dass ich ein wenig Angst vor einer »sich selbst erfüllenden Prophezeiung« verspürte. Was nun, wenn ich durch das Schaufeln ihres Grabes ihren Tod geradezu »anzog«? Auf der anderen Seite stand die Realität eines alten Hundes und ein Zeitfaktor, der mir nicht mehr viel Spielraum ließ. Auf gewisse Weise sollten Sie immer auf den Tod vorbereitet sein und sich rechtzeitig informieren. Viele Hundehalter wollen noch nicht einmal daran denken, dass ihr junger, gesunder Hund irgendwann einmal sterben könnte. Wenn wir uns jedoch klar machen, dass uns unsere Tiere (und Menschen) jederzeit verlassen können, führt das oft zu dem erstaunlichen Bewusstsein, dass wir sie noch mehr lieben als zuvor.

Machen Sie sich also bewusst, dass der gefürchtete Augenblick kommen kann und wird. Dieses Kapitel soll Ihnen helfen, eine Auswahl zu treffen.

Die Mitnahme durch den Tierarzt

Fangen wir mit der Art der »Bestattung« an, die uns allen am wenigsten gefällt, die aber manchmal nicht zu vermeiden ist: Wir müssen unseren Hund beim Tierarzt lassen oder er nimmt ihn mit.

Als mein erster Hund starb, lebte ich in einer Mietwohnung und hatte keinerlei Möglichkeit, ihn irgendwo zu begraben, und eine Einäscherung in einem Tierkrematorium gab es damals noch nicht. Also musste ich ihn beim Tierarzt lassen, nachdem er dort eingeschläfert worden war. Das ist mir enorm schwer gefallen, weil ich keinen Abschluss fand.

Der Tierarzt bringt ein verstorbenes Tier in eine Tierkörperverwertungsanstalt. Dort wird der tote Körper zusammen mit anderen Kadavern zunächst unter Druck sterilisiert. Dann wird ihm Wasser entzogen, und zurück bleibt etwa ein Drittel der ursprünglichen Masse. Dieses Tiermehl wird als Sondermüll verbrannt und nicht – wie es immer noch verbreitet wird – zu Seife oder Schmiermitteln weiterverarbeitet.

Diese Art des Abschiedsnehmens ist sehr schwer und oft von Schuldgefühlen begleitet. Bitte machen Sie sich zusätzlich zu Ihrem Abschiedsschmerz nicht auch noch Vorwürfe, sondern sagen Sie sich, dass Sie in Ihrer Situation das Bestmögliche getan haben, wenn Sie keine andere Möglichkeit hatten.

Das Begräbnis

Es gibt zwei Möglichkeiten, ein Tier zu begraben: auf dem eigenen Grundstück oder auf dem Tierfriedhof, denn es ist verboten, Tiere im Wald oder auf öffentlichen Grundstücken zu begraben.

Für das Begraben eines Haustieres auf dem eigenen Grundstück war die Gesetzeslage lange Zeit unklar. Früher war es kein Problem, den eigenen Hund oder die Katze im Garten zu begraben. Dann kam im Jahr 2002 eine neue EU-Verodnung, die die Beseitigung so genannter »tierischer Nebenprodukte« neu regelte und das Bestatten von Heimtieren verbat. 2004 jedoch erfolgte auf Bestreben von ANUBIS-Tierbestattungen mit Unterstützung der Ministerien der einzelnen Bundesländer eine Initiative, aufgrund derer eine Ausnahmeregelung formuliert wurde.

Unter Beachtung gewisser Voraussetzungen dürfen Heimtiere im eigenen Garten begraben werden: Die Bestattung darf nur auf eigenem Gelände, aber nicht in Wasserschutzgebieten und nicht in unmittelbarer Nähe von öffentlichen Wegen und Plätzen erfolgen, und die Tiere müssen so vergraben werden, dass sie mit einer ausreichenden, mindestens 50 Zentimeter starken Erdschicht bedeckt sind. (§ 27 Abs. 3 TierNebV vom 27.Juli 2006).

Keine Einschränkungen gibt es bei Urnenbestattungen. Die Asche dürfen Tierfreunde mit nach Hause nehmen und dort in einer Urne aufstellen oder vergraben.

Kann man das Tier nicht Zuhause begraben, gibt es immer noch die Möglichkeit, den vierbeinigen Gefährten auf einem offiziellen Tierfriedhof zu bestatten. Deutschland hat etwa 120 davon. Es gibt sie in allen Formen und Lagen. Manche liegen auf einem ungepflegten, heruntergekommenen Stück

Land, andere fügen sich in eine bezaubernde Landschaft ein und werden liebevoll gepflegt.

Die Auswahl an Bestattungsmöglichkeiten ist groß. Je nach Tierfriedhof sind Beerdigungen in anonymen Gräbern, Sammel-, Reihen-, Einzel-, Doppel- und Mehrfachgräbern möglich.

Auch die Frage des »worin?« mag Kopfzerbrechen bereiten. Ich habe meinen Hund absichtlich nur in eine Decke gewickelt und vergraben, weil ich wollte, dass Ladys Körper wieder auf natürliche Weise der Natur zurückgeführt wird. Aber es gibt auch eine große Auswahl an Tiersärgen aus Holz oder stabilem Karton.

Die Preise für eine Grabstätte sind von Friedhof zu Friedhof unterschiedlich. So werden in München 100,– Euro und mehr pro Pachtjahr für ein Reihengrab erhoben, in Hamburg 60,– Euro und in Krefeld 45,– Euro. Bei großen Rassen wie zum Beispiel Deutschen Doggen ist oft die Belegung eines Doppelgrabes notwendig, entsprechend höher sind auch die anfallenden Kosten.

Die Einäscherung

Nicht jeder will seinen vierbeinigen Gefährten in einem Sarg sehen oder hat die Zeit und das Geld, jahrelang Grabpflege zu betreiben. In diesem Fall ist die Einäscherung eine weitere Alternative. Erst seit 1996 ist es in Deutschland erlaubt, Tiere professionell einzuäschern, vorher blieb nur der Umweg über die Nachbarländer. Viele Tierärzte kooperieren inzwischen mit Unternehmen, die das Tier abholen und später die Urne zurück bringen, und natürlich kann man seinen Hund auch selbst in eines der deutschen Krematorien fahren.

Auch bei der Einäscherung hat der Tierbesitzer wieder die Qual der Wahl. Er kann zwischen einer individuellen oder einer Einäscherung mit anderen Haustieren wählen. Bei der Sammeleinäscherung wird die Asche des Tieres anschließend auf dem Grundstück des Krematoriums verstreut. Bei der Einzeleinäscherung erhält der Kunde eine Urne mit der Asche des verstorbenen Tieres, die er dann entweder auf einem Tierfriedhof beisetzen oder aber auch mit nach Hause nehmen kann.

Viele Tierkrematorien haben den Trend der Zeit erkannt und bieten einen umfassenden 24-Stunden-Service: Abholung des verstorbenen Tieres, Bereitstellung der Urne, Trauerräume, Verabschiedungszimmer, Trauerbegleitung, psychologische Beratung und viele weitere ergänzende Angebote gehören zu ihrem Dienstleistungsbereich.

Auch Seebestattungen für das Tier werden angeboten, und eine Firma in Hamburg bietet sogar die Möglichkeit an, dass man nach seinem eigenen Tod an gleicher Stelle dem Meer übergeben wird.

Sogar eine »Luftbestattung« vom Heißluftballon aus ist möglich. Dabei wird die Urne des verstorbenen Tieres am Fahrkorb des Ballons befestigt und steigt mit auf. Wenn der Kapitän den Ballon über ein geeignetes Gebiet gesteuert hat und die richtige Höhe erreicht ist, wird die Asche dem Wind übergeben. Die Tierbesitzer erhalten eine Urkunde, in der die genauen Koordinaten des Bestattungsortes eingetragen wurden.

Bei der Einäscherung fallen Kosten für die Einäscherung selbst, die Urne und gegebenenfalls den Transport an. Die Tierbestattungsunternehmen bieten eine Vielzahl verschiedener Urnen an: aus Keramik, Holz, Glas, Kupfer, verziert oder mit Gravur. Kommt die Urne auf einen Tierfriedhof, entstehen zusätzliche Kosten. Die Einäscherungskosten richten sich nach der Größe des Tieres und der Art der Einäscherung. Die Sammeleinäscherung eines 15 Kilo schweren Hundes kostet etwa 90 Euro, die individuelle Einäscherung etwa 165 Euro, wobei eine einfache Urne meist im Preis enthalten ist.

Andere Bestattungsmethoden

Ebenso wie einen Menschen, kann man auch ein Tier einfrieren lassen. Dies ist insbesondere in den USA ein Trend. Offensichtlich wird bei dieser speziellen Bearbeitung eines Körpers dieser besonders gut erhalten. Kombiniert werden kann diese Methode mit einer besondern Form der Bearbeitung ähnlich dem Ausstopfen von Tieren, was dem verstorbenen Vierbeiner ein besonders »echtes« Aussehen geben soll.

Auch mit dem Klonen verstorbener Haustiere wurde schon experimentiert. Die größte amerikanische Firma, die dies probierte, ist aber inzwischen in Konkurs gegangen.

Wir sollten derartige Methoden nicht allzu vorschnell verurteilen oder als »Verrücktheit« abtun. Manche Menschen möchten ihr totes Tier noch so lange wie möglich bei sich behalten …

Eine weitere Methode ist die Umwandlung der Asche des Tieres in einen Diamanten. Bei dieser noch recht jungen Verarbeitungsmöglichkeit wird durch ein spezielles Verfahren einem Teil der Asches oder des Haarkleides des verstorbenen Tieres Kohlenstoff entzogen. Aus diesem Kohlenstoff entsteht dann unter großem Druck ein Rohdiamant, der nach den Wünschen des Kunden durch Schliff seine endgültige

Über alles geliebt und
viel zu schnell verloren
LEON
18.02.2002

Form erhält. Für mich ist es ein schöner Gedanke, einen Teil meines Tieres in Form eines Schmuckstücks immer bei mir zu haben. Allerdings ist es eine recht kostspielige Methode, die den meisten von uns wohl versagt bleibt. Je nach Karatwunsch kostet ein solcher Diamant zwischen 3.000,– und 18.000,– Euro.

Der virtuelle Tierfriedhof

In den letzten Jahren greift immer mehr eine neue Form der »Tierbestattung« um sich: der virtuelle Tierfriedhof. Menschen, die oft nicht in Form einer »realen« Bestattung Abschied von ihrem Tier nehmen konnten, nutzen die elektronischen Möglichkeiten des Internets, um wenigstens so von ihrem geliebten Vierbeiner Abschied zu nehmen. Hier können Internetbenutzer nach dem Tod ihres Lieblings einen Stein aufstellen.

Per E-Mail verschickt man die Grabinschrift, den Namen, den Geburts- und Todestag des Tieres. Da man die Todesmeldung aber auch anonym oder unter falschem Namen einschicken kann, ist die Ernsthaftigkeit mancher Meldung oft in Frage gestellt.

»Du warst bereit, wenn ich dich rief. Du hattest nie Migräne. Oh, unsere Liebe war so tief. Stets ich mich nach dir sehne. Du nahmst von mir, was ich dir gab, du Stern in meinem Leben. Ach möge dies Computergrab dir sanften Frieden geben«, schreibt zum Beispiel ein Hundefreund.

Und Sepp, dem »Bayerischen Kampfhund«, ruft sein Herrchen nach: »Alte Wursthaut – bis bald.«

Trauerrituale

Ich habe meiner Hündin bei ihrer Beerdigung verschiedene »Grabgaben« mitgegeben, ganz in Anlehnung an die ägyptische Tradition. Danach habe ich eine ganze Weile immer eine Kerze bei ihrem Bild brennen lassen. Es hat mir geholfen, Abschied zu nehmen.

Rituale waren bei der Bewältigung von Lebenskrisen schon immer sinnvoll und hilfreich. Machen Sie sich schon vor dem Tod Ihres Hundes Gedanken über seine Beerdigung. Wenn Sie Familie und Freunde haben, die über die Beerdigung eines Haustieres ähnlich denken wie Sie selbst und den Hund auch wirklich gern hatten, kann es schön sein, diese dabei zu haben. Ist jedoch jemand anwesend, der diese Zeremonie nicht versteht oder diesen Abschied von einem geliebten Tier nicht würdigt, kann dies die ganze Beerdigung stören und in unschöne Erinnerung bringen.

Wir alle haben unsere eigenen Rituale, Abschied zu nehmen.

Seit 1995 beobachte ich die Wölfe von Yellowstone und arbeite inzwischen als Freiwillige im Wolfsprojekt mit. Als eine unserer am meisten geliebten und bewunderten Wölfinnen, Nummer 42, im Winter 2004 starb, wussten wir nur, dass sie von einem anderen Wolfsrudel getötet worden war.

Ihr Kadaver wurde mit dem Hubschrauber vom Berg, auf dem sie starb, abgeholt und zur Untersuchung gebracht. Im Frühjahr, als der Schnee von den Bergen getaut war, machte sich dann unsere kleine Gruppe von freiwilligen Mitarbeitern auf, um von dieser Wölfin Abschied zu nehmen. Nach einer anstrengenden zweistündigen Wanderung waren wir auf dem Gipfel des Specimen Ridge angekommen. Überall blühten die Wildblumen und die Aussicht über die anderen Berge und große Teile des Nationalparks war überwältigend. Dies war ein guter Ort für eine Sterbezeremonie.

Aufgrund der Angaben der Biologen wussten wir, wo ungefähr die Wölfin gestorben war. Wir setzten uns im Kreis auf den Boden und begannen, Geschichten von ihr zu erzählen. Jeder von uns hatte irgendeine Erinnerung an diese Wölfin, die sie so besonders für ihn oder sie machte. Es flossen Tränen und es wurde gelacht. Nach einem abschließenden kleinen Gebet wünschten wir ihr viel Freude in den ewigen Jagdgründen und verabschiedeten uns – jeder mit einem kleinen Geschenk aus der Natur: einem Stein, einer besonders schön geformten Wurzel, einer Feder. Es war für uns alle eine sehr heilende Zeremonie, die uns nicht nur der Natur, sondern auch uns selbst näher gebracht hat.

Weitere Rituale, die uns helfen, die Erinnerung an unseren Hund aufrecht zu erhalten und ihn zu ehren:

Ein Tagebuch führen

Ein besonderes Ritual ist das Führen eines Tagebuches, das auch sehr bei der Bewältigung von Schuldgefühlen helfen kann. Ich schreibe schon seit vielen Jahren Tagebuch. Nachdem ich Lady einschläfern ließ, quälten mich lange Zeit Schuldgefühle. Dann schaute ich in mein Tagebuch und

konnte lesen, wie sehr sich die Hündin gequält hatte und welche Schmerzen sie trotz aller Therapien hatte. Minutiös hatte ich alles aufgeschrieben und diese Aufzeichnungen halfen, die Situation besser zu reflektieren. Auch mein eigener Schmerz stand dort schwarz auf weiß.

Unsere Gefühle sind so intensiv, dass wir glauben, sie nie mehr zu vergessen. Aber der Schmerz wird eines Tages weniger. Ein Tagebuch zu führen mag wie eine zusätzliche Bürde klingen. Aber es ist ein Weg, diese schreckliche und zugleich wunderschöne Zeit zu ehren. Auf wunderbare Weise können wir so die Veränderungen beobachten, die in uns vorgehen.

Eine Erinnerungskiste

Basteln Sie sich eine Erinnerungskiste, in die Sie Bilder, Spielsachen oder Haare von Ihrem Hund legen. Eines Tages, wenn Sie bereit dazu sind, können Sie auch diese Kiste vergraben.

Briefe an das verstorbene Tier

Schreiben Sie Ihrem Hund einen Brief. Erzählen Sie ihm, wie sehr sie ihn geliebt haben. Erzählen Sie ihm noch einmal, wie Sie ihn gefunden und zu sich geholt haben, welche Abenteuer Sie gemeinsam erlebt haben und wie schön es mit ihm war. Schreiben Sie alles auf, was Sie sonst niemandem sagen können. Es wird Ihnen helfen, den Schmerz zu verarbeiten und sich nur noch an die schöne Zeit zu erinnern.

Eine Biografie/ ein Buch

Eine ganz besondere und andauernde Erinnerung ist auch ein Buch über Ihren Hund, eine Biografie/ein Buch mit Geschichten aus seinem Leben und vielen Bildern. Dies kann ganz einfach sein, indem Sie alles in ein normales Schulheft schreiben, oder Sie lassen ein richtiges Fotobuch daraus machen, eventuell auch mit Hilfe professioneller Tierbiografen.

Trost für Kinder

Ich werde nie den Tag vergessen, als Axel starb. Ich war etwa vier Jahr alt und wir lebten zusammen mit meinen Großeltern in einem Haus. Axel war der Hund meines Großvaters. Er war ein stattlicher Schäferhund mit wunderschönem dunklem Fell und riesigen Ohren, die oft für die Erkundungen meiner kleinen Fingerchen herhalten mussten, was mein vierbeiniger Spielgefährte auch geduldig ertrug. Den Kopf schüttelte er erst, wenn er ein wenig abseits von mir stand, damit er mich nicht umwarf. Er war mein erster Spielgefährte und mein Freund. Ich liebte ihn heiß und innig. War ich im Kinderwagen oder später im Garten, dann passte er auf mich auf. Näherte sich ein Fremder, zeigte er, welches Potenzial in ihm steckte und verbellte den Eindringling. Aber eines Tages lag Axel zuckend und mit Schaum vor dem Maul im Hof. Der schnell herbeigerufene Tierarzt musste ihn mit einer Spritze von seinen Qualen erlösen. »Vergiftung« stellte er fest. Irgend jemand hatte ein vergiftetes Stück Fleisch über den Zaun geworfen, und mein Freund hatte es im Vertrauen auf das Gute im Menschen gefressen. Noch heute, über ein halbes Jahrhundert später, kann ich den Anblick des sterbenden Hundes nicht vergessen.

Wer mit Tieren aufgewachsen ist weiß, wie traumatisch

ihr Tod für ein Kind sein kann. Kinder verlieren mehr als einen Freund. Sie verlieren oft ihren sozialen Mittelpunkt. Tiere geben Trost und Unterstützung. Sie sind Vertrauenspersonen, denen man sich anvertrauen kann, mit denen man Geheimnisse teilt. Sie geben uns in jungen Jahren ein Gefühl der Sicherheit und Beständigkeit sowie Schutz und Anerkennung und vor allem bedingungslose Liebe. Der tierische Freund ist immer für das Kind da, egal wie schlecht es sich benimmt. Der Hund nimmt eine Art von Geschwisterrolle an. Ein Kind, das sich um einen Hund kümmert, lernt ein Gefühl von Verantwortung und entwickelt mehr Selbstbewusstsein. Wenn dieses besondere Band durch den Tod zerrissen wird, ändert sich schlagartig alles und die Welt steht still.

Der beste Weg, Kindern zu helfen ist der, sich mit dem Tod auseinanderzusetzen, mit ihnen darüber zu reden, schlicht und einfach, sei es nun ein Mensch oder ein Tier, das gestorben ist.

Jedoch sollten die Kinder auch bereit dazu sein, zu reden und Fragen zu stellen. Vermitteln Sie daher dem Kind, dass es darüber reden darf und dass es aber auch in Ordnung ist, wenn es das jetzt noch nicht will, dass Sie aber da sein werden, wenn es bereit ist. Kinder lassen uns wissen, wann sie reden wollen und auch, wann es ihnen reicht. Dann wechseln sie zum Beispiel das Thema oder gehen raus.

Kinder nehmen wörtlich, was wir ihnen sagen und sie sind gut darin, Fragen zu stellen, die wir uns scheuen zu beantworten. Entweder, weil wir die Antwort selbst nicht wissen oder weil die Fragen unangenehm sind oder weil wir das Kind vor Schmerz und Trauer schützen wollen.

Es ist nur natürlich, dass wir unsere Kinder beschützen und ihnen Schmerz ersparen wollen. Aber letztendlich kön-

nen wir das nicht. Früher, als Geburt und Tod noch im Haus stattfanden, waren Kinder noch eingebunden in den natürlichen Gang des Lebens. Ich erinnere mich noch an den Tod meines Urgroßvaters und meiner Urgroßmutter, die drei Tage lang Zuhause aufgebahrt waren. Ich war oft im Totenzimmer, und Freunde, Nachbarn und Verwandte kamen, um Abschied zu nehmen. Heute sterben die meisten Menschen in Krankenhäusern oder Alten- und Pflegeheimen und werden nach dem Ableben sofort in eine Leichenhalle gebracht. Und unsere Haustiere werden heimlich zum Tierarzt gebracht, der dann ihren Körper entsorgt. So verlieren wir jeden Bezug und auch die Achtung und Ehrfurcht vor dem Tod. Unseren Kindern fehlt dieses Erlebnis aus erster Hand, das ihnen ein natürliches Verständnis für das Sterben und die Trauer beibringt.

Eltern möchten ihren Kindern die eigene Trauer ersparen und unterdrücken deshalb ihre Gefühle, aber Kinder fühlen sehr genau, wenn man etwas vor ihnen verbirgt. Sie fühlen sich ausgeschlossen und können dann zu der Erkenntnis kommen, dass der Tod etwas Schreckliches ist, über das man nicht reden darf. Offenheit ist da sehr viel hilfreicher.

Am allerschlimmsten ist es, zu lügen. Zu sagen »Der Hund ist im Krankenhaus und kommt bald wieder«, in der Hoffnung, dass das Kind ihn dann vergisst, ist ein Vertrauensbruch, der das Verhältnis zu den Eltern auf Dauer stören kann.

Schon in den ersten Lebensjahren entwickelt ein Kind eine eigene Vorstellung von den Begriffen »lebendig« und »nicht lebendig«. Aber für die meisten Kinder unter fünf Jahren ist der Tod nichts Endgültiges. Sie vergleichen ihn mit dem Schlaf aus dem man wieder aufwacht. Die Vorstellung von Zeit ist bei Kindern dieses Alters sehr begrenzt. Sie verstehen nicht, dass der Tod irreversibel ist und nicht nur vorübergehend.

Kleine Kinder fragen auch gerne nach physischen Einzelheiten wie: »Wo ist Bello jetzt?« oder »Wie isst er denn, wenn er begraben ist?« und »Wann wacht er wieder auf?«.

Versuchen Sie nach Möglichkeit, bei den Tatsachen zu bleiben. Erklären Sie, dass ein verstorbenes Tier nicht mehr sieht, hört oder fühlt. Es wird nicht wieder aufstehen und ins Leben zurückkehren. Es leidet nicht und spürt auch nicht seine Umwelt.

Für ältere Kinder (sechs bis zehn Jahre alt) ist der Tod oft ein Geist oder ein Monster. Sie fragen sich, ob dieses

Monster, das ihren Hund getötet hat, auch hinter ihnen her ist. Weil Kinder in einer Welt leben, in der Glaube und Realität manchmal schwer zu unterscheiden sind, ist es das Beste, das Thema Tod direkt und mit konkreten Aussagen zu beantworten. Eine realistische Vorstellung vom Tod entwickelt sich ab dem Schulalter. Dann erst kann sich ein Kind in Situationen einfühlen und mitfühlen. Jetzt lernt es auch, die Endgültigkeit des Todes zu akzeptieren.

Mit etwa sechs Jahren interessieren sich die Kinder dafür, was aus den Toten wird. Sie haben zum Teil konkrete Vorstellungen (Tote liegen im Sarg unter der Erde), verbinden dies aber kaum mit Emotionen. Sie halten vielleicht auch Ausschau nach möglichem Ersatz, wenn der Hund stirbt. Im siebten Lebensjahr wird das Zeitgefühl differenzierter. Ereignisse und zeitliche Zusammenhänge werden bewusst wahrgenommen. Achtjährige Kinder haben größtenteils kognitiv erkannt, dass alle Menschen, einmal sterben müssen. Sie zeigen großes Interesse am Tod. Nach dem neunten Lebensjahr akzeptieren Kinder in der Regel den Tod als ein Naturphänomen, und sie erkennen, dass auch sie einmal sterben müssen.

Elisabeth Kübler-Ross hat die Erfahrung gemacht, dass Kinder groß genug sind, um zu trauern, wenn sie groß genug sind, um zu lieben.

In welchem Alter auch immer Ihr Kind ist, seien Sie ehrlich mit ihm. Achten Sie genau darauf, was es fragt.

Fragen, die Kinder stellen können

Die am meisten gestellten Fragen sind unter anderem: »Wo ist mein Hund jetzt?«, »Warum ist er gestorben?«, »Geht es ihm jetzt gut?«, »Wer kümmert sich jetzt um ihn?«, »Werde ich ihn wieder sehen?«. Nur allzu oft entsprechen unsere Antworten nicht den direkten Fragen der Kinder. Falsche Antworten zum Beispiel sind:

- »Der liebe Gott hat Bello so sehr geliebt, dass er ihn in den Himmel zu sich geholt hat.« Das Kind wird sich fragen, ob Gott ihn oder seine Familie jetzt auch in den Himmel holt.
- »Der Tierarzt hat einen Fehler gemacht und Bello ist gestorben.« Das Kind könnte glauben, dass dies mit Menschen und Ärzten ebenfalls geschieht.
- »Bello ist fortgelaufen.« Kinder wissen, wann wir lügen. Sie werden von einer ehrlichen Kommunikation ausgeschlossen und könnten sich unbewusst schuldig fühlen oder glauben, dass wir ihnen nie die Wahrheit sagen. Und letztendlich bringen wir ihnen durch unser Verhalten das Lügen bei.
- »Bello ist krank geworden und gestorben.« »Bello ist eingeschlafen.« Das kann zu Angstzuständen führen, wenn ein Kind krank ist oder schlafen soll. Wenn Sie dennoch sagen, dass der Hund krank war und gestorben ist, erklären Sie dem Kind gleichzeitig, dass »krank« nicht immer gleich bedeutet, dass man stirbt. Sonst könnte das Kind sich vor jeder Grippe oder Krankheit fürchten. Sie können ihm ehrlich sagen, dass wir zwar alle irgendwann einmal sterben müssen, dass das aber etwas ist, um das es sich noch lange keine Gedanken zu machen braucht.

Außer Ehrlichkeit ist es auch wichtig, den Kindern die Möglichkeit zu geben, ihre Gefühle auszudrücken. Die einen kommen schnell über den Tod eines Tieres hinweg, für die anderen ist es ein traumatisches Erlebnis. Da die Trauerperioden bei Kindern oft kürzer sind als bei Erwachsenen, kann es sein, dass die Tränen schnell versiegen, um dann plötzlich wiederzukommen, zum Beispiel wenn das Kind übermüdet ist.

Manchmal sind die Gefühle eines Kindes über den Tod eines vierbeinigen Freundes so stark, dass es sie verdrängt und diese Gefühle oft erst viele Jahre später wieder aufbrechen, wenn sie als Erwachsene stark genug sind, sie zu verkraften.

Elisabeth Kübler-Ross erzählte auf ihren Seminaren immer die Geschichte vom »schwarzen Kaninchen«: Als kleines Mädchen hatte sie mehrere Kaninchen als Haustiere, die sie sehr liebte. Elisabeth war ein Drilling und sie hatte den Eindruck, dass ihre Eltern nie genügend Zeit für sie hatten und dass die Kaninchen die einzigen waren, die sie von ihren Geschwistern unterscheiden konnte. Da das Mädchen die Tiere tagaus tagein fütterte, haben diese ganz sicher auf die Körpersprache des Kindes reagiert und es so von den beiden anderen Drillingen unterscheiden können.

Der Vater von Elisabeth war sehr sparsam und verlangte, dass alle sechs Monate einer der Hasen als Braten auf den Tisch kam. Das Kind musste die geliebten Hasen einen nach dem anderen zum Metzger bringen. Dabei passte Elisabeth auf, dass Blackie nie an die Reihe kam. So wurde der Hase zunehmend fetter, weil er auch sonst immer extra Futter bekam. Dann aber kam der Tag, an dem der Vater sagte, es sei Zeit, Blackie zum Metzger zu bringen. Das verzweifelte Mädchen ließ das Kaninchen frei, in der Hoffnung, dass es so dem Messer entkommen würde. Aber das Tier hing so an Elisabeth, dass es immer wieder zu ihr zurück kehrte. Und so erfüllte das Mädchen zum letzten Mal den Auftrag des Vaters, brachte Blackie zum Schlachter und gab der Mutter das Fleisch. Der Schlachter hatte ihr gesagt, dass es eine

Schande sei, Blackie zu töten, denn in nur einem oder zwei Tagen hätte sie Junge bekommen.

Elisabeth war daraufhin so sehr verletzt, dass sie jahrzehntelang alle Erinnerungen an den Zwischenfall unterdrückte. Erst als sie durch ihre Arbeit mit Sterbenden selbst sämtliche Trauerprozesse durchlief, konnte sie ihr eigenes Verleugnen erkennen und die Wut, die sie so viele Jahre vergraben hatte, herauslassen. Dies ist der Beweis dafür, dass ein Mensch fähig ist, nicht nur solch einschneidende, für ihn als Kind schreckliche Erfahrungen zu verkraften, sondern dass er diese Erlebnisse auch noch zum Guten wenden und anderen helfen kann.

Zum Glück haben nur wenige Kinder solch unsensible Eltern. Aber wenn ein geliebtes Tier stirbt, erleben viele junge Menschen den Schock, die Wut, das Leugnen und die Trauer, auch wenn sie es nicht ganz verstehen können. Weil sie in Perioden trauern und ihre Gefühle so lange zurückhalten, bis sie sich sicher genug fühlen, sie herauszulassen, brauchen manche Kinder Jahre, um einen Tod zu verarbeiten.

Wie können Sie Ihren Kindern helfen, den Tod ihres Hundes zu verarbeiten?

- Machen Sie eine Zeremonie. Planen Sie mit den Kindern gemeinsam das Begräbnis des Tieres. Besprechen Sie, wo die sterblichen Überreste begraben werden sollen. Basteln sie gemeinsam einen Grabstein und dekorieren Sie das Grab zusammen.
- Lesen Sie eine Geschichte vor. Im Anhang finden Sie einige ausgezeichnete Lesetipps zu diesem Thema.

- Schreiben Sie mit den Kindern ein Gedicht, eine Geschichte, einen Brief, um das Leben des Hundes zu feiern.
- Malen Sie ein Bild oder ein Poster. Mit Buntstiften können selbst die Kleinsten Gefühle darstellen, die schwer verbal auszudrücken sind.
- Informieren Sie Verwandte, Lehrer, Freunde und bitten Sie um Verständnis und Unterstützung für das trauernde Kind.
- Wenn das Kind bereit ist, spenden Sie das restliche Hundefutter, Leine, Halsband, Spielsachen oder die Decke einem Tierheim. Es wird gut tun zu sehen, dass andere Tiere einen Nutzen von den Sachen haben.

Für einige Eltern mag die Versuchung groß sein, den verstorbenen Hund sofort durch ein anderes Tier zu ersetzen, weil sie den Schmerz des Kindes nicht ertragen können. Die meisten Kinder sind jedoch noch nicht bereit für eine solche »Überraschung«. Sprechen Sie mit ihm. Es weiß am besten, wann die Zeit dafür reif ist.

Der Tod eines Hundes ist für uns alle traurig. Aber ein Kind, das noch keine Erfahrung mit dem Sterben gemacht hat, schaut auf uns und wie wir mit dieser Situation umgehen. Allzu oft überwältigt uns der Schmerz selbst und wir verlieren die Perspektive in dieser stressreichen Zeit. Darum sollten wir darauf achten, zu unseren Kindern in dieser Zeit besonders liebevoll zu sein. Sie als Eltern sind die Autorität im Leben ihrer Kinder und nehmen dadurch automatisch eine Vorbildfunktion ein. Reagieren Sie auf den Tod eines Haustieres mit Verständnis, Liebe und Fürsorge, so dass Ihr Kind von Ihrem Beispiel lernen kann. Versuchen Sie nicht, Ihre Kinder vor der Realität zu schützen, teilen Sie lieber

Ihre Gefühle mit ihnen. »Ich kann dich gut verstehen, mir fehlt Bello auch sehr.« ist besser als ein »Sei nicht traurig.« Bedenken Sie aber immer, dass *Sie* das Beispiel dafür sind, wie die Kinder sich verhalten werden. Vermeiden Sie die Fehler, die eventuell in Ihrem Leben zum Thema Tod eines Tieres gemacht wurden. Kinder sind die Zukunft, und wenn wir selbst unschöne Erfahrungen mit einer bestimmten Situation gemacht haben, wollen wir immer, dass sie besser und glücklicher aufwachsen, als wir selbst.

Trost für andere Tiere

Wir alle kennen Geschichten von trauernden Tieren. Ich beobachtete einmal in Frankfurt auf einer sehr stark befahrenen Brücke einen Schwan, der mitten auf der Fahrbahn neben seinem überfahrenen Gefährten ausharrte und keinen Meter von seiner Seite wich. Erst die Feuerwehr konnte ihn zusammen mit dem toten Tier von der Straße holen. Delfine und Affen sterben oft, weil sie nach dem Tod ihrer Partner keine Nahrung mehr zu sich nehmen.

»Tiere haben keine Gefühle, das sind lediglich Reflexe, Reaktionen und Instinkt«, versuchte uns lange Zeit die Wissenschaft einzureden. Erst in den letzten Jahren – Dank der Beobachtungen von solch grandiosen Forschern wie Mark Beckhoff und Jane Goodall – haben wir erfahren, was wir Tierhalter schon lange wussten: Tiere haben Gefühle! Sie freuen sich, fühlen mit, spielen und trauern.

Stephanie erzählt von ihrer Hündin Lillemor, die beim plötzlichen Tod der Zweithündin Manja schrecklich litt und sich depressiv verhielt. Sie lag nur noch auf dem Sofa und wollte selbst mit ihren besten Hundekumpels nicht mehr spielen.

Wie nehmen Tiere den Tod eines anderen, ihnen nahe stehenden Tieres, wahr?

Die wissenschaftliche Erklärung ist folgende: Tiere haben kein Zeitgefühl. Kurzzeitige Trennungen sind in der Tierwelt normal, wenn zum Beispiel die Eltern auf Futtersuche gehen. Damit die Bindung nicht verloren geht, »speichert« das Tier Bilder von Lebewesen, die ihm wichtig sind und hat so quasi ein »Modell« seiner Mitgeschöpfe. Besteht nun ein Unterschied zwischen dem inneren Modell und der Realität, das heißt bewegt sich ein Gefährte nicht mehr und reagiert er nicht mehr wie gewohnt, erlebt das Tier eine emotionale Reaktion und Stress. Es macht sich auf die Suche nach dem vertrauten Anderen.

Meine Beobachtungen und die von tausenden von Tierfreunden in aller Welt haben hingegen gezeigt, dass Tiere ganz unterschiedlich und individuell trauern. Ob tatsächlich Tiere mehr trauern, je höher entwickelt sie sind, wie dies Wissenschaftler behaupten, wage ich zu bezweifeln. Wir fangen gerade erst an, das emotionale Leben der Tiere und Pflanzen zu entdecken, wobei es für die meisten Biologen sicher attraktiver ist, Säugetiere zu erforschen als Insekten. Das Argument, dass Insekten über ihre toten Artgenossen hinweg kriechen oder sie sogar fressen, während Säugetiere um tote Gefährten trauern, ist mir zu einfach und zu pauschal. Vielleicht werden sich Wissenschaftler eines Tages intensiver mit den Emotionen so genannter »niederer« Lebewesen beschäftigen und uns alle mit ihren Ergebnissen verblüffen.

Im Zuge meiner Wolfsforschungen in Yellowstone beobachte ich auch die Bisons. Diese Tiere trauern intensiv um getötete Artgenossen und besonders um tote Kälber. Sie stoßen sie mit den Nasen an und versuchen sie mit den Füßen aufzurichten. Wenn Wölfe oder Bären kommen, stellen sie sich oft im Kreis um ihre toten Familienmitglieder auf und jagen die Angreifer fort. Das ganze kann sich über ein paar Stunden hinweg ziehen. Nach einer Weile dann geben sie auf und ziehen weiter. Es scheint so, als bräuchten sie eine bestimmte Zeit, um sich zu vergewissern, dass das tote Tier nicht mehr bei ihnen ist.

Auch unsere Haustiere trauern sehr unterschiedlich um einen toten Artgenossen, wobei viele Umstände eine Rolle spielen, insbesondere natürlich wie lange und wie intensiv die Tiere zusammen waren.

Janets elf Jahre alte Schäferhündin Ilse hatte Krebs. Phillip, der sieben Jahre alte Beagle der Familie, der Ilse immer angebetet hatte, wich nicht mehr von ihrer Seite. Dann kam der Tag, an dem Ilse eingeschläfert werden musste. Der Tierarzt kam ins Haus und nahm sie dann anschließend mit. »Wir sperrten Phillip in ein anderes Zimmer, um ihm das Erlebnis zu ersparen«, erzählt Janet. »Aber das war ein großer Fehler. Er suchte lange nach seiner Freundin und trauerte fast ein Jahr um sie. Oft heulte er nach ihr.« Philip wurde erst wieder richtig fröhlich, als ein neuer Hund ins Haus kam.

Antjes Carolina Dog Jacy versuchte, die verstorbene Freundin Gibsy, eine Weiße Schäferhündin, mit den Pfoten zum Aufstehen zu animieren. Als das nicht funktionierte, stellte er sich einfach über sie, »mindestens eine halbe Stunde lang, ganz starr und regungslos, den Blick abwesend in die Ferne gerichtet«, berichtet sie.

Hier unterscheidet sich die Trauer der Hunde sicher nicht von der der Menschen. Sie trauern sehr individuell, und in Einzelfällen kann es auch zu intensiven Reaktionen kommen wie: Appetitlosigkeit, Aggressionen, Zurückgezogenheit oder echte körperliche Krankheiten wie Allergien, Sehschwäche, Magengeschwüre und ähnliches. Und ja, es gibt auch Tiere, die wir nicht trösten können und die an gebrochenem Herzen sterben. Hier müssen wir akzeptieren, dass dies die Entscheidung des Tieres war, und es in Liebe gehen lassen.

Wie können Sie dem zurückgebliebenen Tier in seiner Trauer helfen?

- Ändern Sie nicht die tägliche Routine. Versuchen Sie, alles so normal wie möglich zu halten.
- Achten Sie unbedingt darauf, extremes Verhalten wie Depression oder Aggression *nicht* durch besondere Aufmerksamkeit zu verstärken. Denn dann lernt der Hund schnell: Wenn ich nur richtig traurig schaue, bekomme ich Leckerlis oder darf ich auf die Couch. Bestärken Sie ihn dagegen mit sehr viel Aufmerksamkeit und Liebe, wenn er mit ihnen spielt, spazieren geht oder aktiv ist.
- Lassen Sie dem überlebenden Tier genügend Zeit, auf seine eigene Weise und in seinem eigenen Zeitrahmen zu trauern.
- Wenn Sie mehrere Tiere im Haushalt haben, lassen Sie diese selbst klären, wer jetzt das Sagen hat und wer nicht.

Sollen andere Tiere beim Einschläfern eines Gefährten mit dabei sein?

Diese Frage können nur Sie beantworten, da Sie Ihre Tiere am besten kennen. Meine eigene Erfahrung mit dem Tod von

geliebten Menschen und die Erfahrungen meiner Freunde mit mehreren Hunden haben mich gelehrt, dass man den Tod besser verarbeitet, wenn man Zeit und Gelegenheit hat, Abschied zu nehmen. Dies gilt auch für Tiere. Es scheint zu helfen, wenn sie die Möglichkeit haben, zu sehen, wie der Gefährte stirbt. Tiere sind weniger als wir Menschen mit äußeren Dingen beschäftigt. Sie gehen intensiver und intuitiver mit dem Tod um und scheinen zu spüren, wenn die Seele einen Körper verlässt. Daher würde ich stets meine Hunde beim Tod eines anderen Hundes mit dabei sein lassen.

Was, wenn ein Tier in der Familie plötzlich durch einen Unfall stirbt oder verschwindet?

Ich glaube, dass es helfen kann, wenn wir in Gegenwart der überlebenden Tiere visualisieren, was passiert ist und wie die Seele des verstorbenen Hundes seinen Körper verlässt. Reden Sie mit ihrem überlebenden Hund so, wie sie mit jedem Menschen reden würden, dessen Angehöriger gestorben ist. Sprechen Sie über die glücklichen Zeiten, die Sie alle miteinander hatten. Zumindest werden Sie sich dann besser fühlen.

Kommen Hunde in den Himmel?

Ich erhielt das Geschenk, bei mehreren »Übergängen« vom Leben in den Tod dabei zu sein, sowohl bei Angehörigen als auch bei Tieren. Wer dies einmal mit offenem Herzen und ohne Angst erleben durfte, wird im Augenblick des Todes die Präsenz einer allumfassenden Liebe und einen großen Frieden wahrnehmen. Mir hat sich daher nie die Frage gestellt, wohin ein Tier nach seinem Tod geht. Ich bin mir sicher, dass es auch für Tiere ein Weiterleben nach dem Tod gibt.

Kommen Tiere in den Himmel? Haben Tiere eine Seele? Das sind Fragen, über die die Menschen seit vielen tausend Jahren diskutieren.

Als Koko, eine Gorilladame, die Zeichensprache gelernt hatte, wurde sie gefragt: »Wo gehen Gorillas hin, wenn sie sterben?« Koko antwortete mit den Zeichen »angenehm« »Höhle« (wobei sie das Zeichen für eine Höhle im Boden machte) und »auf Wiedersehen« (sie berührte mit den Fingern ihre Lippen, so als ob sie jemandem einen Abschiedskuss geben würde). Aus dieser Antwort folgerten ihre

Betreuer, dass sich auch andere Spezies Gedanken darüber machen, was jenseits dieser Welt liegt.

Was mit Menschen und anderen Lebewesen geschieht, wenn sie sterben, ist eine Frage des Glaubens, die von jedem Menschen anders beantwortet werden kann. Ich persönlich kann mir keinen »Himmel« mit einem Schild »Tiere verboten« vorstellen. Viele Religionen haben schon über dieses Thema nachgedacht.

Die Einstellung der Religionen zum Tod eines Hundes

In vielen östlichen Religionen gibt es den Glauben an die Wiedergeburt oder Seelenwanderung vom Tier zum Menschen und zurück zum Tier. **Buddhismus und Hinduismus** sprechen auch Tieren und Pflanzen eine Seele zu und von Buddha wird erzählt, dass er schon als Elefant, Hund, Antilope, Affe, Strauß und eine Vielzahl anderer Kreaturen gelebt habe. Im **Judentum** wird die Erlösung eher in der Gemeinschaft gesehen als im Individuum. Aber die Hebräischen Schriften enthalten zahlreiche Hinweise, dass sich Gottes Gnade auf alle Lebewesen erstreckt. Die messianische Vision von *Shalom* ist eine Welt, die in ihrer ursprünglichen Einheit wieder erschaffen wird, in der sich der Löwe und das Lamm zusammen niederlegen und ein kleines Kind sie führt. Der **Islam** sieht den Menschen als das eigentliche Ziel der göttlichen Schöpfung. Die Tiere hat Allah allein für die Menschen gemacht. Sie sollen ihnen Nahrung und Kleidung liefern, ihre Lasten tragen und andere Dienste leisten. Das **Christentum** lehnt im allgemeinen den Glauben an ein Leben nach dem Tod für andere Lebewesen außer dem Men-

schen ab, obwohl es ein paar widersprüchliche Stimmen gibt. John Wesley, der Begründer der Methodistenkirche, war zum Beispiel davon überzeugt, dass er im Himmel seine Pferde wiedersehen würde.

Erst in den letzten Jahren hat sich mehr und mehr eine neue »**Spiritualität der Tiere**« und ein Umdenken in Sachen Tier-Ethik entwickelt. Heute bringen fast alle Glaubensrichtungen Tiere wieder ins religiöse Bewusstsein – und in manchen Fällen sogar vor den Altar in Form von Tiergottesdiensten und Tiersegnungen. Der Verein »Aktion Kirche und Tiere« (AKUT e.V.) setzt sich dafür ein, dass auch Tiere in den Kirchen einen Platz haben.

»Frage doch die Tiere, sie werden dich's lehren« (Hiob Kapitel 12) war das Thema der Predigt von Pfarrer Dr. Ulrich Seidel zum Abschlussgottesdienst des Studientages der »Aktion Kirche und Tiere« in Wittenberg am 22. Oktober 2006. Darin wies er auf die vielen Bibelstellen hin, in denen Tiere erwähnt werden. Insgesamt sei etwa ein Viertel der Bibel reserviert für die Tiere der Schöpfung. »Es ist nur unsere Auslegungstradition, dass wir glauben, die Bibel sei allein ein Buch für die Menschen, die als einzige lesen, schreiben und denken können oder die Integralrechnung beherrschen…« Seidel geht hart mit den Menschen ins Gericht, die sich als »Krone der Schöpfung« sehen und als Beweis hierfür die Bibel zitieren. »Der Prediger Salomo fragt, ob wir denn genau wüssten, dass der Geist der Tiere nach unten oder nach oben gehen würde?« Seidels Antwort: »Das zu entscheiden ist nicht an uns. Sollen die Wesen, aus denen wir hervor gegangen sind und die vor uns waren – unsere Schöpfungsgeschwister – keinen Platz in Gottes Welt haben?!«

Die Bibel gibt keine klare Antwort auf die Frage: Kommen Hunde in den Himmel? Wie immer lässt sie Auslegungen zu, und diese sind so verschieden, wie die Menschen. Bei so vielen unterschiedlichen Meinungen kann man nicht dogmatisch sein. Ob Tiere eine Seele haben, ob sie in den »Himmel« kommen, darüber werden die Menschen immer verschiedener Meinung sein. Und einige sind davon überzeugt, dass die Tiere einen Geist haben, der ihren Körper überlebt.

Die andere Seite des Regenbogens

Paul Meek ist ein spirituelles Medium. Er ist in Wales geboren und lebt seit 1993 in Deutschland. Meek wurde durch seine überragende hellseherische Begabung und durch seine Arbeit, aber auch durch das deutsche, österreichische und japanische Fernsehen bekannt. Lisa, eine Bekannte von mir, hatte eine Sitzung bei Meek. Als er Kontakt zu ihrem verstorbenen Mann aufnahm, beschrieb er ihn genau – und er schilderte einen kleinen weißen Hund, der auf dem Schoß des Mannes saß. Lisa war überwältigt. »Das war Boomer«, erzählte sie mir. Boomer war ein Jahr nach ihrem Mann gestorben und die beiden waren sich immer sehr nah gewesen.

In dem Artikel »Ein Medium zum Anfassen« im »Womenweb« schildert die Journalistin Ruth Eder ihre Begegnung mit Meek. Im Verlauf eines Interviews gibt ihr das Medium einen bemerkenswerten Beweis seines Könnens. Er beschreibt ihr die verstorbene Mutter und sagt dann: »Bei ihr ist ein Hund, ich höre ihn bellen und er rast jetzt mit großer Energie auf dich zu.« Es war Poldi, der verstorbene Hund der Journalistin, für sie der endgültige Beweis, dass Tiere eine Seele haben. »Kein Wunder, bei all der Liebe, die sie einem geben«, schreibt sie.

Viele Menschen, die als Medium arbeiten, berichten von Tieren in der »anderen« Welt. Andere wiederum erzählen, dass sie nachts im Schlaf die Geräusche von Pfoten hören oder den Geruch von nassem Fell empfangen; einige sehen sogar ihren verstorbenen Hund vor sich. Diese Erlebnisse scheinen verbreiteter zu sein als wir annehmen. Eine Trauerstudie besagt, dass einer von sechs Menschen, die ein Tier verloren haben, das Tier nach seinem Tod noch im Haus hört oder seine Anwesenheit spürt.

Erklärungen hierfür gibt es viele. Vielleicht kann sich der Trauernde einfach nicht mit dem Tod seines Tieres abfinden, und sein Verstand spielt ihm einen Streich. Ein Hund, der in der Ferne bellt, kann wie der tote Freund klingen, ein Zweig, der im Wind an die Tür kratzt, kann dazu verleiten, zu glauben, es sei der geliebte Hund. Das Unterbewusstsein ist enorm kreativ. Vielleicht überlebt aber tatsächlich der Geist in einer Form, die sich irgendwie zu erkennen geben vermag.

Während viele von uns sich fragen, ob wir einst mit unseren Tieren im Himmel vereint sein werden, ist eines ganz sicher: Unsere Hunde stellen sich diese Fragen nicht. Sie leben im Hier und Jetzt, nicht in der nächsten Woche. Es geht nicht darum, was sein könnte oder sollte. Hunde fragen nicht: Was kommt als nächstes? Das ist eine menschliche Frage, die unserer Trauer entspringt. Ich persönlich glaube fest daran, dass sich Gott um all seine Geschöpfe kümmert. Ich weiß nicht, welchen Plan er für die Tiere dieser Welt hat. Wenn ich also frage, ob ich meinen Hund nach dem Tod wiedersehen werde, frage ich um meinetwillen, aus meiner Trauer heraus. Ich frage, weil ich wissen will, ob mein Verlust nur temporär oder ob er für immer sein wird.

Kommen also Hunde in Himmel? Auf diese Frage gibt es keine »richtige«, für alle Menschen stimmige Antwort. Jeder

von uns muss seine eigene Antwort finden und hierfür brauchen wir nicht die Meinung irgend einer Religion zu der unseren zu machen. Wir können selbst entscheiden, was wir glauben wollen und was uns tröstet.

Wenn wir akzeptieren können, dass uns unsere Hunde ebenso lieben, wie wir sie lieben, dann ist die Antwort ganz einfach. Wenn wir glauben, dass es einen Himmel für Menschen gibt, dann müssen unsere treuen Vierbeiner auch dort sein und auf uns warten, wenn wir auf die andere Seite gehen. Himmel ist Liebe, und das ist etwas, was wir mit unseren Tieren teilen.

Aus dem Amerikanischen stammt die Geschichte der Regenbogenbrücke:

Eine Brücke verbindet Himmel und Erde. Wegen der vielen Farben nennt man sie die Brücke des Regenbogens. Auf jener Seite der Brücke liegt ein Land mit Wiesen, Hügeln und saftigen, grünen Gras. Wenn ein geliebtes Tier auf der Erde für immer eingeschlafen ist, geht es zu diesem wunderschönen Ort. Dort gibt es immer was zu fressen und zu trinken, und es herrscht warmes, schönes Frühlingswetter. Die alten und kranken Tiere sind wieder jung und gesund. Sie spielen den ganzen Tag zusammen. Sie haben keine Zeit, sich einsam zu fühlen. Sie vermissen dich, aber mit der besonderen Weisheit, die Tiere haben, vertrauen sie darauf, dass sich dieser Zustand bald ändert. Und während sie sich vergnügen, warten sie voller Vertrauen. So rennen und spielen sie jeden Tag zusammen, bis eines Tages plötzlich eines der Tiere innehält und aufsieht. Die Nase bebt, die Ohren stellen sich auf, und die Augen werden ganz groß! Plötzlich rennt es aus der Gruppe heraus und fliegt über das grüne Gras. Die Füße tragen es schneller und schneller. Es hat dich gesehen.

Und wenn du und dein spezieller Freund sich treffen, nimmst du ihn in deine Arme und hältst ihn fest. Dein Gesicht wird geküsst, wieder und wieder, und du schaust endlich glücklich in die Augen deines geliebten Tieres, das so lange aus deinem Leben verschwunden war, aber nie aus deinem Herzen. Ihr wisst beide, dass jetzt alles in Ordnung ist. Dann überschreitet ihr gemeinsam die Brücke des Regenbogens, und ihr werdet nie wieder getrennt sein …

Ein neuer Anfang

»Auf keinen Fall!« Ich knallte das Telefon hin. »Niemals! Ich will keinen Hund mehr!« schrie ich meine Freundin an.

Dabei hatte sie mir nur von einem tollen Welpen erzählt, der ideal zu mir passen würde. Es war gerade einmal fünf Monate her, seit ich meine Lady begraben hatte. Jetzt wollte ich erst einmal reisen, Zeit für mich haben, aber vor allem wollte ich nicht mehr leiden, nicht mehr um ein Tier trauern müssen. Dies war das erste von mehreren sehr langen Telefongesprächen, die ich mit Corina führte. Ein kleiner Welpe, ein Labrador-Mischling, war auf einer winzigen Insel in Dänemark geboren worden. Corina kannte die Besitzer und natürlich auch die Hundeeltern. »Tolle Hunde. Ganz cool und gelassen. Und die Kleine erst … der *ideale* Hund für dich!«

»Nein! Und schon gar nicht einen Welpen. Viel zu viel Stress!« Irgendwie hatte mein Abwehrpanzer ein paar Löcher bekommen. Ich wusste, dass ich meiner als Hundetrainerin erfahrenen Freundin vertrauen konnte, was den »perfekten Hund« für mich anging. Aber jetzt schon wieder einen neuen Hund?

Ich setzte mich an Ladys Grab und sprach mit ihr. Bevor sie und ich uns im Tierheim in Amerika fanden, hatte ich

fast ein Jahr um meinen Mischlinglingshund Klops getrauert. Ist die Länge der Trauer ein Zeichen der Liebe zum Hund? Je länger wir trauern, um so mehr haben wir geliebt? Ich denke nicht. Ich glaube eher, dass viele Umstände darüber entscheiden wie lange jeder trauert, so unter anderem auch die Art des Abschieds. Klops musste ich beim Tierarzt einschläfern lassen und dann dort zurück lassen. Ich hatte nicht die ausgiebige Zeit, die ich mit Lady hatte, um Abschied zu nehmen. Mit den Jahren erfahrener und »weiser« geworden, hatte ich Ladys Tod besser verkraftet, obwohl ich immer noch viel an sie dachte – und auch immer noch an sie und alle meine anderen verstorbenen Tiere denke.

Wann ist die Zeit richtig für einen neuen Hund? Wir müssen bereit dafür sein. Ich halte wenig davon, sofort nach dem Tod eines Hundes ein neues Tier zu holen, ihn auszutauschen wie einen alten Schuh, und auch noch zu erwarten, dass dieser neue Hund genauso ist, wie der alte. Damit tun wir weder uns noch dem neuen Tier einen Gefallen. Jedes Tier ist einzigartig, eine ganz besondere Persönlichkeit – und verdient, als solche gesehen zu werden.

Wir müssen wirklich dazu bereit sein, einen neuen Hund in unser Leben zu holen. Erst wenn wir durch unseren Trauerprozess gegangen sind, können wir unser Herz einem neuen Lebewesen öffnen. Wann wird das sein? Wenn wir auf unser Herz hören, werden wir es wissen. Als ich an Ladys Grab saß, fragte ich mich: Was wäre, wenn *ich* gestorben wäre und Lady würde leben? Würde ich dann nicht wollen, dass sie wieder glücklich ist und ein neues Zuhause hat? Umgekehrt war es sicher ebenso. Hunde sind die personifizierte bedingungslose Liebe. Sie wollen nicht, dass wir traurig sind. Wir ehren sie und ihr Leben, wenn wir einem neuen Tier ein Zuhause geben. Aber viele, die ein Tier verloren haben, sind traumatisiert von dem Erlebnis. Sie wollen keinen neuen Hund mehr. »Ich ertrage es nicht, noch einmal einen Hund zu verlieren«, sagen sie.

Mit einem Verlust umzugehen, ist eine der schwersten Erfahrungen des Lebens. Aber an irgendeinem Punkt auf unserer Reise durch das Leben werden wir erkennen, dass wir dieses Lebewesen, um das wir trauern, nie wirklich besaßen, und wir werden einsehen, dass wir es immer haben werden, wenn auch auf andere Weise. Wir erfahren, dass es besser ist, geliebt zu haben und den geliebten Hund zu verlieren, als nie geliebt zu haben. Liebe endet nie! Wenn wir ein anderes Lebewesen so sehr geliebt haben, dass wir tief um es trauern, dann haben wir sehr viel Liebe in uns. Und diese Liebe kann man nicht wegsperren, sie streckt sich aus und reicht anderen die Hand. Die Liebe eines Menschen, die offen und frei gegeben wird, verändert diesen Menschen und am Ende unser ganzes Universum.

Wir können niemals einen Hund ersetzen, aber wir können uns entscheiden, die Leere in unserem Leben mit neuem Leben und neuer Liebe zu füllen. Wenn wir uns dazu entschließen, einen neuen Hund in unser Leben zu lassen, wird der richtige schon auf uns warten.

Als ich Shira, mein acht Wochen altes dänisches Hundekind, im Arm hielt, wusste ich, dass ich mich richtig entschieden hatte. Von »nie mehr einen Hund« und »auf keinen Fall einen Welpen« war ich zu »vielleicht doch« und schließlich »okay« gekommen. Ich habe meine Entscheidung nicht eine Minute bereut. Oh ja, ich gebe zu, das erste Jahr *war* stressig, und ich habe mich oft gefragt, warum ich mir das angetan habe. Aber im Grunde habe ich gewusst, dass es keinen anderen Weg gab. An der Liebe geht kein Weg vorbei. Sie wächst aus der Trauer und macht uns größer.

Ich hatte Lady, Klops, Axel und andere Tiere in meinem Leben begraben, hatte ihnen das schönste und würdevollste Grab gegeben, eines, in dem sie immer bei mir sein würden: in meinem Herzen. Jetzt war ich bereit für ein neues Leben und eine neue Hundeliebe.

Wenn Wölfe trauern

Ein Heulchor durchbrach die Stille. Als die Dunkelheit dem Licht Platz machte, erschien der Wolf auf der Lichtung. Er war grau-schwarz mit einem Streifen Schwarz auf seiner Schnauze und um die Augen herum. Er saß gerade und hatte seinen Kopf in einem langen, verzweifelten Klagen zurückgeworfen. Sein heißer Atem fror, als er auf die Luft traf und ließ kleine Eiskristalle an seiner Schnauze zurück. Zwei Meilen weiter im Südwesten heulten aufgeregt zwei andere Wölfe vom Gipfel des 3000 Meter hohen Specimen Ridge. Ihren Rufen antwortete eine andere Gruppe, deren Stimmen von der Richtung Tower Junction, in der Nähe des Yellowstone River kamen.

»Heute sind drei Rudel hier«, sagte der Wildbiologe Rick McIntyre, als er die Tiere durch sein Teleskop beobachtete. »Normalerweise hört man nicht so viel Heulen. Es könnte ein territoriales Geplänkel sein, aber ich bin mir nicht sicher, was los ist.« Bald sollte es klar sein. Die graue alte Dame – Cinderella, der Aschenbrödel-Wolf – wurde vermisst.

Als 1995 und 1996 die Wölfe in den Yellowstone-Nationalpark zurückkehrten, wurde dieser einer der wenigen Orte, an dem diese scheuen Tiere in der Wildnis beobachtet werden konnten. Seit dieser Zeit fahre ich mehrmals im Jahr

für längere Zeit in den ältesten Nationalpark der Welt, um diese faszinierende Tierart zu beobachten und im Yellowstone-Wolfsprojekt mitzuarbeiten. Von den vielen Wölfen im Park haben zwei Weltruhm erlangt: ein Weibchen mit Kosenamen »Cinderella« und ihr langjähriger Gefährte, Nummer 21. Wir nannten das Paar »die Hollywood-Wölfe«, weil zwei National Geographic Filme über sie und ihre Familie, das Druid-Peak-Rudel, gedreht worden waren. Daher beunruhigte uns die Abwesenheit von Cinderella und das untröstliche Klagen an diesem Sonntag Morgen im Februar 2004.

Ich kannte Cinderella noch als rabenschwarzen Jährling, der ein Teil der ursprünglichen wiederangesiedelten Wolfsgruppe war. Ihr wurde später die Nummer »42F« gegeben, was bedeutete, dass sie der 42. weibliche Wolf war, der ein Radiohalsband erhielt. Gemeinsam mit ihrer Mutter und ihren zwei Schwestern wurde sie Teil eines Wolfsrudels in

Yellowstones Lamar Valley, das wegen seiner Artenvielfalt auch die »Serengeti Amerikas« genannt wird.

Cinderella bekam ihren Namen wegen der groben Behandlung durch ihre Schwester, die die Leitwölfin des Druid-Rudels war. Ihre Angriffe wurden von Bob Landis, Filmemacher aus Gardiner, Montana, für einen Dokumentarfilm von National Geographic gedreht.

Die Dokumentarfilme von 1999 und 2003 zeigen, wie die aggressive Leitwölfin ihre Schwester immer wieder biss und dabei oft Narben und blutige Wunden hinterließ. Dann verschwanden Cinderellas Welpen aus der Höhle – vermutlich von ihrer Schwester getötet.

Ein Jahr später, nach noch mehr Prügel und der Geburt eines weiteren Wurfes, besuchte eines Abends die dominierende Schwester Cinderella. Diesmal traf sie auf erbitterten und gewaltsamen Widerstand. Cinderellas sechs Wochen alte Welpen überlebten, die Leitwölfin nicht. Cinderella übernahm die Führungsrolle bei den Druids. Sie schleppte ihre sieben Welpen zur Höhle ihrer Schwester, wo weitere sieben Welpen lagen. Sie zog alle gemeinsam auf. Danach blieb sie unangefochten die Leitwölfin der Druids.

Am Tag bevor sie vermisst wurde, verbrachte Cinderella mehrere Stunden faul in der Nachmittagssonne in der Talebene, nahe dem zugefrorenen Slough Creek, am westlichen Rand des Lamar Valley.

Die Wölfin war groß – fast 50 Kilo schwer – und wie bei ihrem Gefährten Nummer 21 wurde ihr schwarzes Fell mit zunehmendem Alter grau. Diese Farbe unterschied sie vom Rest des Rudels, von dem die meisten Tiere schwarz oder mehrfarbig waren.

An diesem Nachmittag lag sie wie immer dicht neben 21, dem immer noch kräftigen achtjährigen Leitwolf. Seit vier Jahren war das Paar unzertrennlich. Gelegentlich kuschelten sie sich in dem klaren, kalten Sonnenlicht zusammen oder leckten sich gegenseitig die Schnauzen. Der Rest des Druid-Rudels – drei erwachsene und neun einjährige Tiere – dösten in der Nähe, zwei von ihnen eng zusammengerollt mit dem Schwanz um ihre Körper geschlungen. Ihr dickes Winterfell leuchtete in der Sonne. Nie hatte sie schöner ausgesehen als in diesem Winter.

Rick McIntyre, der für das Yellowstone Wolfsprojekt arbeitet, war der erste, der bemerkte, dass an diesem Sonntagmorgen etwas nicht stimmte. Er hatte die Wölfe auf dem Specimen Ridge heulen gesehen. Sie waren im Territorium von Mollies-Rudel, Erzrivalen der Druids. Später dann beobachtete McIntyre das Rudel zwei Meilen entfernt auf einem niedrigen, schneebedeckten Hügel. Der Leitrüde, Nummer 21, heulte. Auch die anderen Rudelmitglieder waren da.

Nur Cinderella fehlte. »Das ist noch nie geschehen. Sie ist immer beim Rudel«, sagte McIntyre. »Man sieht Nummer 21 nie ohne seine Gefährtin. Er war niemals weiter als wenige Schritte von ihr entfernt.«

McIntyre drehte seine Telemetrieantenne in verschiedene Richtungen, um ein Signal von Cinderellas Halsband zu empfangen. Als er nichts fand, kletterte er in seinen Wagen und fuhr sieben Meilen bis zum Elk Creek, wo der Empfang normalerweise besser ist. Dort empfing er ein schwaches Signal, das vom Specimen Ridge zu kommen schien.

Das ausgezeichnete Jagdgebiet des Lamar Valley macht es auch für andere Wolfsrudel interessant. Mollies-Rudel ließ sich 1995 im Tal nieder, wurde aber ein Jahr später von den Druids daraus vertrieben. Die Wölfe zogen sich ins Pelican Valley zurück, einem über 2700 Meter hoch gelegenen Wiesengebiet, das den Tieren im Winter wenig Beute bietet. Also versuchte Mollies-Rudel mit gelegentlichen Vorstößen, sich das Lamar Valley zurück zu erobern.

Am Montag Morgen machten wir uns ernsthafte Sorgen um Cinderella. Auf der Straße im Tal war die Stimmung gedrückt. McIntyre informierte uns, dass ein Forscher mit dem »Wolfsflugzeug« losfliegen würde, einem gelben einmotorigen Flugzeug mit Telemetrieantennen. »Sie versuchen, Signale von ihr zu bekommen«, sagte er.

Er erzählte uns nicht, dass er ein »Tot-Signal« von Cinderellas Radiohalsband empfangen hatte – ein Hinweis, dass sie sich mehrere Stunden lang nicht bewegt hatte – was auch nicht immer etwas bedeuten musste, denn manchmal fällt das Halsband einfach ab oder es gibt einen Fehler.

Diesmal aber gab es keinen Fehler. Aus dem Flugzeug sahen die Forscher Cinderellas blutüberströmten Körper auf dem hohen, windigen Bergkamm des Specimen Ridge lie-

gen. Doug Smith, der Leiter des Wolfsprojektes, kletterte auf den Berg, um ihren Tod zu bestätigen. Er bemüht sich, einen positiven Aspekt zu finden: »Sie starb an einem der schönsten Orte des Parks – über 3000 Meter hoch, mit Blick über den Yellowstone River.«

Es war McIntyre, der uns die Nachricht überbringen musste. Wir hatten uns auf einem Hügel versammelt, wo man einen Blick über das Tal hatte. Ganz in der Nähe konnten wir Nummer 21 und das Druid-Rudel sehen, die wieder in der Nachmittagssone dösten. Mit ruhiger, leiser Stimme erzählte McIntyre, dass Cinderella getötet worden war. »Wir untersuchen noch alles, aber vermutlich war es Mollies-Rudel«, sagte er. Viele von uns weinten leise. Gleichzeitig waren wir froh, dass wir hier waren, als es geschah.

Am nächsten Morgen ging Nummer 21, der große, graue Wolf, in den Wald zur Höhle, die er mit Cinderella geteilt hatte. Gemeinsam hatten sie zwei Dutzend Welpen aufgezogen, von denen die meisten hier geboren waren. Der Leitwolf der Druids saß im Schnee und heulte. Sein tiefes Klagen erfüllte tagelang das Lamar Valley. In den Tagen nach dem Tod seiner Gefährtin heulte er mehr als in den fünf Jahren zuvor, in denen er mit ihr zusammen lebte. Drei Tage später berichtete McIntyre, dass sich Nummer 21 mit der einzigen anderen, erwachsenen Wölfin seines Rudels gepaart hatte. Das Leben ging weiter für die Druids.

Nur ein halbes Jahr später starb auch Wolf Nummer 21. Eines Tages verschwand er einfach. Monate später wurde sein Skelett im Gebiet des Cache Creek gefunden. Die Todesursache blieb unklar. Vielleicht starb er an Altersschwäche, vielleicht wurde er bei dem Versuch, einen Hirsch zu reißen schwer verletzt. Nach seinem Verschwinden herrschte Verwirrung im Rudel. Innerhalb von wenigen Monaten hatten die Wölfe beide Leittiere verloren. Wieder heulen sie lange und suchten – bis auch hier das Leben wieder seinen Gang ging und sich ein neues Leitpaar formte.

Wölfe trauern. Das kann ich ganz ohne Zweifel durch meine nunmehr 15jährigen Beobachtungen an wilden Wölfen sagen. Wenn ein ihnen nahe stehendes Tier stirbt oder verschwindet, scheinen viele die klassischen Trauerzeichen zu zeigen. Sie suchen, sind irritiert, teilweise aggressiv, sie heulen klagend und lange. Aber es dauert nicht sehr lange und sie leben ihr Leben weiter. Das Leben eines wilden Wolfes ist mit sieben bis neun Jahren sehr viel kürzer als das unsere. Wölfe können keine Zeit darauf »verschwenden«, ein Jahr oder länger zu trauern. Sie müssen dem natürlichen Rhythmus des Lebens folgen, müssen jagen, fressen, sich fortpflanzen und sich um ihre Familie kümmern. Sie tun, was alle Lebewesen in der Natur tun: Sie zelebrieren das Hier und Jetzt. Nur wir Menschen scheinen diese Fähigkeit verloren zu haben. Wir machen uns ständig Gedanken um unsere Zukunft oder vergraben uns in der Vergangenheit. Wenn wir doch im Heute leben könnten. Die Tiere lehren es uns. Treten wir zurück und beobachten wir sie. Lassen wir sie so sein, wie sie sind, lernen wir von ihnen und wachsen wir mit ihnen. Und seien wir uns bewusst, dass wenn Zeit ist, weiterzugehen, sie diese Welt gesegnet verlassen und wir ein Stück reicher zurückbleiben.

Leider leben wir in einer Welt, die uns beigebracht hat, an allem festzuhalten und zu klammern. Und so erfahren wir immer wieder eine Leere und einen Verlust. Ich habe viel gelernt von den Yellowstone Wölfen. Am meisten, die Dinge zu akzeptieren, die nicht zu ändern sind, sich anzupassen und das Leben aus dem vollsten zu leben – jeden Tag aufs neue.

Testament eines Hundes

Wenn Menschen sterben, machen sie ein Testament, um ihr Heim und alles, was sie haben, denen zu hinterlassen, die sie lieben.

Ich würde auch solch ein Testament machen, wenn ich schreiben könnte. Einem armen, sehnsuchtsvollen, einsamen Streuner würde ich mein glückliches Zuhause hinterlassen, meinen Napf, mein kuscheliges Bett, mein weiches Kissen, mein Spielzeug und den so geliebten Schoß, die sanft streichelnde Hand, die liebevolle Stimme, den Platz, den ich in jemandes Herzen hatte, die Liebe, die mir zu guter Letzt zu einem friedlichen und schmerzfreien Ende helfen wird, gehalten im liebenden Arm.

Wenn ich einmal sterbe, dann sag bitte nicht: »Nie wieder werde ich einen Hund haben, der Verlust tut viel zu weh!«

Such Dir einen einsamen, ungeliebten Hund aus und gib ihm meinen Platz. Das ist mein Erbe.

Die Liebe, die ich zurücklasse, ist alles, was ich geben kann.

(Unbekannter Autor)

Anhang

Tierfriedhöfe, Tierkrematorien und Tierbestatter

Eine Liste der Tierfriedhöfe, Tierkrematorien und Tierbestatter (sortiert nach Postleitzahlen) finden Sie im Internet hier: www.tierisches-verzeichnis.de

Tierkrematorien

Tiertrauer München
Gesellschaft für Tierverbrennung
u. -bestattung mbH
Riemer Str. 268
81829 München
Tel.: 089-9455370
Fax: 089-94553722
info@tiertrauer.de
www.tiertrauer.de

Kleintierkrematorium im
Rosengarten GmbH
Devern 13
49635 Badbergen
Tel.: 05433-91370
Fax: 05443-9137-29
mail@kleintierkrematorium.de
www.kleintierkrematorium.de.de

Cremare GmbH
Handwerkerstrasse 17
46485 Wesel
Tel.: 0281-68190
Fax: 0281-60466
info@cremare.de
www.cremare.de

Himmelswelt
Am Willenbach 8
74229 Oedheim
Tel.: 07136-991433
Fax: 07136-991443
info@himmelswelt.de
www.himmelswelt.de

ATTIBA Tierkrematorium AG
Haltweg 22
67434 Neustadt/Weinstr
Tel.: 06321-483826
Fax: 06321-483827
info@atopet.de
www.atopet.de

Tierkrematorium Nordrhein GmbH
An der Lackfabrik 8
46485 Wesel
Tel.: 0281-2062853
Fax: 0281-2063192
info@tierkrematorium-nordrhein.de
www.tierkrematorium-nordrhein.de

Tierbestattungen

Einige Tierbestatter haben sich auf **außergewöhnliche Bestattungen** spezialisiert:

See- und Luftbestattungen
antares Tierbestattungen
Unterlüsser Strasse 1
29328 Fassberg – Münden
Tel.: 05053-9030195
info@antares-Tierbestattungen.com
www.antares-tierbestattungen.com

Seebestattung für Mensch und Tier
BSMK GmbH
Kaltehofe Hinterdeich
Wassertreppe 12
20539 Hamburg
Tel.: 040-70293568
seebestattung@gmx.info

Umwandlung des toten Tieres in einen Diamanten
Semper Fides Diamonds GmbH
Heerter Straße 55
D-38229 Salzgitter
Tel.: 05341-2239122
Fax: 05341-2239125
office@semperfides.eu
www.semperfides.eu

LifeGem Deutschland
Promenade 7
52076 Aachen – Kornelimünster
Deutschland
Tel.: 02408-704545
Fax: 02408-704546
info@lifegem-deutschland.de
www.lifegem-deutschland.de

Tiersärge und Urnen
Schon sehr viele Firmen stellen Tiersärge und -urnen her. Ausführliche Informationen hierzu gibt es im Internet.
Die Münchner Künstlerin Erika Munk bietet mit ihren liebevollen, von Hand bemalten Tierurnen eine künstlerische Alternative. Spezielle Wünsche gestaltet Erika Munk auch im Auftrag. Sie ist zu erreichen unter: www.tierhimmelonline.de

Virtuelle Tierfriedhöfe
Inzwischen hat fast jede Hundewebseite oder jedes Hundeforum eine Seite mit Bezeichnungen wie »Tierhimmel«, »Regenbogenbrücke« oder ähnliches.
Hier nur zwei Webseiten von vielen.
www.online-grab.eu
www.tierhimmel.org

Hilfe, wenn das Haustier vermisst wird
www.tierdiebstahl.de
www.tasso.net

Trauerseminare für Tierfreunde
Der Verein AKUT bietet Trauerseminare für Tierfreunde an:
Aktion Kirche und Tiere (AKUT) e.V.
Rahnstr. 23
22179 Hamburg
Tel.: 040-6426361
www.aktion-kirche-und-tiere.de

Empfohlene Literatur zum Thema: Trost für Kinder

Baffy
Elizabeth Dale, Illustrationen von Frédéric Joos
1995, Forschungskreis Heimtiere in der Gesellschaft

In diesem Bilderbuch wird die Geschichte des kleinen Benny erzählt, dessen bester Freund, sein Hund Baffy ist. Als er stirbt, ist Benny untröstlich, nimmt aber am Ende das Angebot seiner Eltern an, ihm einen neuen Hund zu schenken. Mit Taps sucht er sich das genaue Gegenteil von Baffy aus. Dieses kleine Büchlein ist auch als Vorlesebuch für ganz kleine Kinder geeignet.
Dieses Buch ist leider nur noch im Antiquariat zu erhalten.

Leb wohl lieber Dachs
Susan Varley
Betz Verlag, Wien, Januar 1984
ISBN 978-3219102833

Der Dachs war immer zur Stelle gewesen, wenn eines der Tiere ihn brauchte. Den Frosch hatte er Schlittschuh laufen gelehrt, den Fuchs Krawattenknoten schlingen, und Frau Kaninchen hatte von ihm sein Spezialrezept für Lebkuchen bekommen. Die Tiere reden oft von der Zeit, als Dachs noch lebte. Und mit dem letzten Schnee schmilzt auch ihre Traurigkeit dahin. Es bleibt die Erinnerung an Dachs, die sie wie einen Schatz hüten.

Empfohlene Literatur zu den Themen Tod und Sterben:

Ich empfehle hier alle Bücher von Elisabeth Kübler-Ross, insbesondere ihr letztes Buch:

Dem Leben neu vertrauen
Den Sinn des Trauerns durch die fünf Stadien
des Verlustes finden
Elisabeth Kübler-Ross und David Kessler
Kreuz Verlag, Stuttgart, 2006
ISBN: 978-3-7831-2692-1

Das folgende Buch ist eine zeitgemäße Auslegung der buddhistischen Lehren des berühmten »Tibetischen Totenbuchs« und eine unentbehrliche Hilfe in der Sterbebegleitung.
Es ist keine leichte »Bettlektüre«, aber definitiv lesenswert für jeden, der mehr über den Tod und damit auch über das Leben erfahren möchte:

Das Tibetische Buch vom Leben und vom Sterben
Ein Schlüssel zum tieferen Verständnis von Leben und Tod
Sogyal Rinpoche
Fischer Taschenbuch, 2004
ISBN 978-3-596-16099-0

Literaturliste

Adams Church, J.: Uncommon Friends. New World Library, Novato, CA, 1988
Beattie, M.: The Grief Club. Hazelden, Center City, MN, 2006
Clothier, S.: Es würde Knochen vom Himmel regnen. animal learn Verlag, Bernau, 2004
Eder, R.: Ein Medium zum Anfassen.
www.womenweb.de/astrosoul/astro/medium_meek.html
Holmes T. und Rahe, R.H.: Social Readjustment Scale. www.cop.ufl.edu/safezone/doty/dotyhome/wellness/HolRah.htm
Hunt, L.: Angel Pawprints. Hyperion, NY, 2000
Kowalski, G.: Goodbye, friend. Stillpoint Publishing, Walpole, NH, 1997
Kübler-Ross, E.; Kessler, D.: Dem Leben neu vertrauen. Kreuz Verlag, Stuttgart, 2006
Kübler-Ross, E.; Kessler, D.: Geborgen im Leben. Kreuz Verlag, Stuttgart, 2003
Ludwig, C.: Wenn das Haustier stirbt. Egmont vgs, Köln 2001
Meek, P.: Das Tor zum Himmel ist immer offen. Thanner Verlag, München 2004
Nuland, S.B.: Wie wir sterben. Kindler Verlag, München 1994
Pilatus, C.; Reinecke G.: Es ist doch nur ein Hund. Kynos Verlag, Mürlenbach, 2006
Radinger, E.: Die Wölfe von Yellowstone. Von Döllen, Worpswede 2004
Reynolds, R.: Blessing the Bridge. NewSage Press, Troutdale, OR, 2001
Ringpoche, S.: Das Tibetische Buch vom Leben und vom Sterben. Scherz Verlag, Bern, 2003
Schmidt-Röger, H.; Blank S.: Wenn Hunde älter werden. Dorling Kindersley, Starnberg 2006
Sife, W.: The Loss of a Pet. Howell Book House, NY, 1998
Dr. Stäbler, C.: Abschied vom geliebten Tier. BoD, Norderstedt, 2004
Weingarten, Williamson: Alte Hunde sind die besten Hunde. Mit einem Anhang zur Pflege und Gesundheit alternder Hunde, edition tieger, Berlin 2009

Elli H. Radinger

ist Herausgeberin des *Wolf Magazin*, das sie vor 20 Jahren gegründet hat. Einen Großteil des Jahres hält sich die Wolfsexpertin im amerikanischen Yellowstone-Nationalpark in Wyoming auf, wo sie seit der Wiederansiedlung der Wölfe 1995 im Wolfsprojekt mitarbeitet und für deutsche Wolfsfreunde Wolfsbeobachtungsreisen organisiert. Darüber hinaus hält sie jährlich mehrere Workshops und Seminare zu den Themen Wolf und Hund und über das Schreiben. Sie hat mehrere Bücher veröffentlicht, darunter *Die Wölfe von Yellowstone, Wolfsangriffe. Fakt oder Fiktion?, Das Beste aus 10 Jahren Wolf Magazin, Mit dem Wolf in uns leben, Wildpferde. Freiheit auf vier Beinen, Wölfisch für Hundehalter* (mit Günther Bloch).

www.elli-radinger.de · www.yellowstone-wolf.de
www.wolfmagazin.de

Bücher in der edition tieger

J. Christen: Musen auf vier Pfoten: Schriftsteller und ihre Hunde

Majorie Garber: Dog Love. Warum Hunde uns Lieben – und wir sie

Conrad Gesner: Von den Hunden und dem Wolff.
Aus Allgemeines Thier-Buch von 1669 mit Holzschnitt-Illustrationen.

Die Mönche von New Skete: Wie Sie der beste Freund
Ihres Hundes werden

Die Mönche von New Skete: Welpen liebevoll erziehen.
Die sanfte Methode des Hundetrainings von Anfang an.

J. Masson: Hunde lügen nicht. Psychologie, Emotionen, Verhalten

M. Plinke: Literarische Hundegeschichten

Elli H. Radinger: Wolf Magazin

Margaret Marshall Saunders: Beautiful Joe.
Der Hund, der die Menschen verändert hat.

S. Stockton: Der tägliche Kojote

P.G. Wodehouse: Gute Hunde

Weingarten, Williamson: Alte Hunde sind die besten Hunde. Mit einem
Anhang zur Pflege und Gesundheit alternder Hunde.

Autorenhaus-Literaturkalender HUNDE – jedes Jahr ein Wandkalender
mit 54 Blatt. Mit Fotografien von Schriftstellern und ihren Hunden,
Illustrationen, Texten und Zitaten aus der Literatur.

www.edition-tieger.de